외국어,

KB090946

글라이더

외국어,
저도 잘하고 싶습니다만

초판 1쇄 발행 2019년 5월 24일

지은이 양혜영
펴낸곳 글라이더 **펴낸이** 박정화
등록 2012년 3월 28일 (제2012-000066호)
주소 경기도 고양시 덕양구 화중로 130번길 14(아성프라자 601호)
전화 070)4685-5799 **팩스** 0303)0949-5799 **전자우편** gliderbooks@hanmail.net
블로그 http://gliderbook.blog.me/
ISBN 979-11-86510-98-8 03700

이 도서의 국립중앙도서관 출판예정도서목록(CIP)은 서지정보유통지원시스템
홈페이지(http://seoji.nl.go.kr)와 국가자료공동목록시스템(http://www.nl.go.kr/
kolisnet)에서 이용하실 수 있습니다.(CIP제어번호: CIP2019017015)

글라이더는 존재하는 모든 것에 사랑과 희망을 함께 나누는 따뜻한 세상을 지향합니다.

외국어,
저도 잘하고 싶습니다만…

양혜영 지음

글라이더

외국어, 모국어보다
더 빨리 배울 수 있다!

1. 태어나자마자 말을 시작한 사람은?
2. 외국어 배우자마자 말을 시작한 사람은?

1번의 답은 '아무도 없다'입니다. 어떤 누구도 태어나자마자 말할 수 없습니다.

최소 1년의 세월이 필요합니다. 그래야 겨우 '엄마'를 말합니다. 모든 사람은 태어나 1년 동안은 무조건 듣고 봅니다. 이후 성대와 호흡기와 두뇌가 발달하면서 주변의 소음을 '소리 내어' 따라 합니다. 그렇게 따라 해야만 '엄마', '아빠', '맘마', '물', '우유'를 말할 수 있습니다.

2번의 답은 '누구나'입니다. 우리는 모두 외국어를 배우는 첫 순간부터 말할 수 있습니다. 듣고 따라 하기만 하면 됩니다. 이게 전부입니다. 더할 것도 뺄 것도 없습니다. 문제는 듣지도 않고 따라 말하지도 않습니다. 그러면서 외국어가 '어렵다', '힘들다', '못 해 먹겠다'고 합니다. 무조건 듣고 따라 하세요. 그러고 나서 뜻이 무엇인지 문법이 어떤지 생각하며 소리내어 외우세요.

외국어 학습에 비법이 있다? 없다?

절대 비법은 없지만 자기만의 비법은 있습니다. 말이라는 것은 개인의 기술이며 의사소통의 도구이기 때문에 이 도구를 누가 어떻게 다루냐에 따라 비법이 결정됩니다. 그렇기에 누구에게나 맞는 절대 비법은 없지만, 누군가의 비법은 있습니다. 여러 방식과 방법이 자신에게 맞는지 안 맞는지는 해봐야 알 수 있습니다. 해 보지도 않고 머리로만 계산하지 마세요. 머릿속 계산과 눈앞의 현실은 다릅니다.

외국어도 언어입니다. 외국어는 사람을 평가하는 수단이 아니죠. 외국어가 언어로의 기능을 잃어가고 있습니다. 외국어도 우리말과 같은 말입니다. 우리말 어떻게 배웠나요? 어떻게 읽고 쓰기 시작했나요? 한번 되돌아보세요. 그 기억 속에 여러분의 외국어 학습 비법이 있습니다. 기억나지 않는다고요? 그렇다면 주변에 아이들이 어떻게 말을 배우는지 관찰하세요. 아이들은 듣고 따라합니다. 말속에서 뜻을 이해하며 한번 배운 말을 반복해서 사용합니다. 모국어 습득 과정에 외국어 학습의 비법이 숨어 있습니다.

나의 비법이 여러분의 비법

제 머리와 마음을 조종하는 언어는 한국어입니다. 명령어도 당연히 한국어죠. 외국어로 힘든 시기를 보낼 때 많은 학습서를 참고했습니다. 그 책들은 외국어를 배우면 외국어로 생각하라고 조언했지요. 하지만 이거 정말 어렵더라고요. 생각 또한 습관이기에 하루아침에 세 살 버릇도 아닌 태중에서부터 들어온 모국어 습관을 바꿀 수 없었습니다. 외국어로 생각하라는 학습서의 조언은 저의 피부색을 바꿔야 한다는 것처럼 여겨졌습니다. 아무리 미백크림을 발라도 뽀얗게 되지 않더군요. 미백크림, 포기했습니다. 아무리 외국어로 생각하려 해도 바로 안 되더군요. 외국어로 생각하기, 포기했습니다. 제머리의 명령어는 한국어입니다. 그래서 학습서의 조언을 거꾸로 적용했습니다. '내가 말하고 싶은 한국어는 외국어로 어떻게 표현될까?' 외국어를 배울 때 한국어를 외국어로 전환하는 방식으로 길을 찾았어요. 그리고 이러한 전환을 학습하면 할수록 과정이 짧아져서 한국어와 외국어의 전환(↔)이 빠르고 자유롭게 일어났습니다.

제가 선택한 학습방식 또한 '외국어로 생각하라'라는 기준점이 있었기에 가능했습니다. 이 학습방식의 옳으냐 그르냐를 떠나 하나의 지표가 있었기에 제가 방향을 잡을 수 있었던 것이죠. 이 책에서는 언어에 관한 여러 이야기와 외국어 학습법이 여기저기 나와 있습니다. 그 학습법이 여러분의 학습비법이 되느냐 마느냐는 여러분 손에 달려있습니다. 같은 재료에 같은 레시피라 해도 요리사가 어떻게 하느냐에 따라 맛은 천차만별이 됩니다. 저의 외국어 레시피를 마음껏 적용하고 응용하세요. 외국어 능력은 누군가와 경쟁하는 기술이 아닙니다. 내가 외국인과 소통하고 외국문화를 이해하면 그것으로 충분합니다. 외국어는 소통의 도구입니다. 오로지 내가 소통하는 것에 초점을 맞추어야 합니다. 누가 뭐라던 말이 통하면 됩니다.

까짓것, 외국어

저 역시도 여러분과 다름없이 외국어 시험 점수에 연연하며 외국어를 배웠습니다. 듣지도 말하지도 못하는 읽기만 하는 바보로 시간을 낭비했습니다. 외국어 앞에서 한없이 초라하고 무기력했습니다. 명랑하고 긍정적인 성격조차도 변해갔습니다. 포기하고 되돌아섰지만 몇 번이고 다시 돌아왔습니다. 그때까지 외국어에 쏟아부은 시간과 노력이 아까웠습니다. 누군가는 저에게 미련하다고 했습니다. 학과 전공을 바꿀 수는 있었겠지만, 그것이 근본적인 해결이라 생각하지 않았습니다. 제가 견딜 수 없었던 것은 외국어가 아니라 실수와 실패가 두려워 도망가는 저 자신 이었습니다.

외국어는 두려움에 맞서는 여행입니다. 아무것도 모르는 아이가 되어 세상의 오지로 떨어지는 경험과 비슷하지요. 마치 갓난아이 옹알이하듯 낯선 언어를 배우기 시작하면서 끊임없이 자신에 대한 의심이 올라옵니다. '제대로 가고 있는 거 맞나?', '여기가 어디지?' 때때로 갈 길에 대한 두려움이 발목을 잡기도 해요. '그냥 돌아가자, 솔직히 뭐 외국어 쓸 기회가 얼마나 있겠냐?' 저도 똑같은 고민을 했고 지금도 그때를 생각하면 까마득하고 답답합니다. 하지만 누가 뭐라든 말든 그 길을 수다스럽게 걸어왔기에 얼마나 힘들었는지도 이해합니다.

외국어에 맞서 나 자신을 테스트하는 이 길이 쉽다고 말하지는 못하겠어요. 하지만 재미없다고 말하지도 못하겠네요. 여행을 떠나 돌아오면 얻어지는 것이 사진과 이야깃거리만은 아니잖아요. 저는 외국어를 통해 미처 알지 못했던 자신의 모습을 봤습니다. 무엇을 좋아하고 싫어하는지, 무엇을 잘하고 못하는지, 어떻게 상황을 파악하고 문제를 해결하는지 외국어도 배우고 나 자신도 배우고, 까짓것 외국어, 한번 해봅시다!

2019년 5월
양혜영

차례

Ⅱ. 영어와 한국어로 보는 문화

Ⅲ. 프랑스어와 독일어로 보는 문화

외국어, 저도 잘하고 싶습니다만

IV. 소통을 위한 외국어

외국어, 저도 잘하고 싶습니다만

I

다시
시작하는
외국어

‘외국어, 잘하고 싶다!’고 외치는 사람은 많아도 ‘모국어, 잘하고 싶다!’고 말하는 사람은 아직 본 적이 없습니다. 모국어는 학습의 대상이 아니라고 생각합니다. 모국어는 마치 우리가 태어나면서부터 할 수 있는 말처럼 여겨지죠. 배운 기억도 없고 못한다고 고민한 기억도 없습니다. 국어 점수가 낮다는 고민은 있어도 모국어인 한국어가 통하지 않는다는 고민은 듣도 보도 못했습니다.

진실로, 우리는 모국어를 배운 적인 없던가요? 우리는 태어나서 평균 10여 년 동안 한글을 배웁니다. 한글의 첫 마디 ‘엄마’가 나올 때 까지 1년 동안이나 말도 못한 채 듣기만 했고 그러고도 3~4년이 지나야 제대로 말다운 말을 하기 시작합니다. 읽기와 쓰기까지 하려면 또 그만큼의 시간이 필요합니다. 성인이 되어서도 계속해서 한글을 사용하면서 배워갑니다.

모국어가 저절로 우리에게 스며드는 것처럼 여겨지지만 우리는 모국어 또한 학습했습니다. 그 학습 과정과 방법이 너무나도 자연스러웠기 때문에 무의식에 잠재된 듯 기억나지 않는 것뿐이지요. 저절로 하게 된 모국어와 애써 배워 하게 되는 외국어! 여기에 외국어 학습의 비법이 숨어 있습니다. 모국어습득과 외국어 학습의 차이를 살펴보면서 외국어 잘하는 방법을 찾아보시기 바랍니다.

01
엄마 말과 다른 말

"사람이면 당연히 ○○한다."

빈 동그라미에 들어갈 수 있는 말은 무엇일까요. 포인트는 '당연히'입니다. '당연히'는 '앞뒤 따질 것도 없이 너무나도 명백하여 여러 번 설명할 필요도 없는'이라는 뜻입니다.

'당연히' 이루어져야 하는 행동이나 인과관계가 일어나지 않을 때 사건이 발생합니다. 잠을 자야 하는데 못 자고, 밥을 먹어야 하는데 못 먹고, 말을 해야 하는데 못하고……. 살면서 태어나 죽는 것 외에 당연한 것은 없는 것 같아요. 모든 것을 당연하다 여기면 누리지 못하는 것에 대해 불평불만이 생겨요. 당연하다는 마음보다는 지금 할 수 있고 누릴 수 있는 것에 집중하면 소소한 감사와 기쁨이 잔잔하게 다가옵니다.

그래도 '당연히'를 적용할 수 있는 곳은 수학이 아닐까요. 누가 풀어도 답이 명확하기 때문이죠. 우리의 삶이 수학처럼 명백해서 인풋input이 아웃풋output과 같다면 걱정도 근심도 희망도 사랑도 없겠죠. 모든 사람에게 동등하게 주어지는 시간이라는 상수에 각자만의 변수가 더해져 자신만의 풀이와 해답이 만들어 집니다. 삶에 정답은 없고 해답만 있을 뿐이죠.

당위성은 인과 관계를 학습한 결과에서부터 시작합니다. 어린아이는 무엇이 당연한지 몰라요. 많은 것을 신기해하고 궁금해 하죠. 아이가 학교를 다니기 시작할 무렵, 학습 채널이 감성에서 이성으로 이동하기 시작합니다. 합리와 논리가 발달하면서 학습방법이 듣고 말하기에서 읽고 쓰기로 옮겨집니다. 말하기는 당연한 결과라고 해도 읽기와 쓰기는 외부의 지도와 학습자의 의지가 합쳐져야 가능한 배움입니다.

아기가 태어나 말을 하는 것은 당연한 발달 과정으로 여겨집니다. 하지만 어떤 부모도 이를 심드렁하게 넘어가지 않아요. 자신과 닮은 아기가 생애 첫 단어를 말할 때 어떤 부모도 '나의 유전자를 전달받은 생명체가 말을 하기 시작하는 군'이라고 반응하지 않죠. 동네방네 자랑하며 마치 자신의 아기만이 세상에서 말을 할 수 있는 것처럼 여기죠. 아기의 말문이 터져 매일 늘어나는 어휘와 표현을 들으며 부모님들은 한결같이 이렇게 말합니다.

"우리 아기 천재인가 봐!"

외국어, 저도 잘하고 싶습니다만

맞습니다. 우리 모두는 부모님의 눈에는 천재입니다. 생애 최초의 단어 '엄마'라는 말이 아기 입에서 처음 나왔을 때, 부모로써 느끼는 기쁨은 매우 특별합니다. 자신이 낳은 아이가 자신이 늘 사용하는 말을 한다는 것 자체가 기적으로 다가옵니다. 생애 최초로 배우는 말이 엄마의 말이에요. 평생 잊지 못하는 말이기도 하지요. 우리는 엄마의 사랑이 가득 담긴 언어를 배웁니다. 엄마가 생후 몇 년간 아이를 양육하면서 자연스럽게 엄마의 정신세계와 가치관이 아이에게 전달됩니다. 유태인은 모계 사회입니다. 엄마가 유태인이면 아버지와 상관없이 아이가 유태인이 되요. 그만큼 엄마의 교육과 가치관의 비중이 높은 거죠. 엄마가 전달해 주고 싶은 모든 가치가 담긴 언어가 모국어에요. 영어로 'mother tongue', 프랑스어로 'langue maternelle', 독일어로 'Muttersprache'라고 해요. 모두 엄마의 말이라고 하죠. 요즘은 아빠도 아이를 양육하는 시대이기에 'parents tongue'라고 말해야 한다지만 그러한 언어의 변화는 아빠도 오랜 기간 아이의 양육을 함께한 이후, 몇 세기가 지나 나타나지 않을까요?

외국에서 지내면 출신지에 관한 질문을 많이 받습니다. 'Where are you from?' 어느 나라에서 왔나요? 어디에서 왔어요? 고향이 어디에요? 등으로 해석되는 질문이죠. 조금 센스가 있는 사람들은 이렇게 질문을 합니다. 'What is your mother tongue?' 당신의 모국어가 무엇인가요? 특히 이민자가 많은 해외 대도시에 가면 이런 질문을 종종 받아요. 세계는 점점 좁아지고 국가와 문화의 경계도 흐려지고 있습니다. 통신과 교통수단이 발전해 이동이 쉽고 편안해지면서 이주와 이민 또한 자유로워졌습니다. 이전에는 국적으로 모국어를 알 수 있었지만 요즘은 국적과 모국어가 항상 같지만은 않더군요.

무의식적으로 떠오르는 마음이 어떤 언어로 나오나요? 감탄사가 어떤 말로 나오나요? 저는 복잡한 거리에서 사람과 부딪치면 '에구, Pardon'이라는 말이 튀어나옵니다. 우선 놀라고 미안한 마음에 한국어가 먼저 나오고 미안하다는 말은 신기하게도 프랑스어가 나와요. 상대가 이상하게 저를 쳐다보면 그제야 '죄송합니다'라고 하지요. 길에서 사람과 부딪히는 것을 극도로 꺼리는 문화를 처음 접한 곳이 프랑스라서 그런가 봐요. 사람이 극단의 상황에 몰리면 인격과 내면의 바닥이 드러나듯 감정과 함께 저절로 나오는 말이 모국어라 생각해요. '에구'는 저의 모국어이고, 'pardon'은 학습된 언어인 거죠.

모국어는 정보와 지식의 교환 수단만이 아닌 문화와 감성과 정서를 담는 소중한 그릇이에요. 모국어에는 순우리말도 있지만 외국에서 새로운 문화와 문물이 유입되면서 함께 들어오는 외래어도 있어요. 외래어는 외국어가 들어와서 한국어로 사용되는 말이에요. 마치 자신의 나라를 떠나 한국에 정착하여 우리 문화에 동화해 살아가는 귀화민 같은 단어죠. 국립국어원에서는 외래어 심의 결정 과정을 통해 외국어를 외래어, 즉 외국 국적의 말을 한국 국적으로 바꾸어 주는 일을 합니다. 외국어가 외래어로 결정되면 그 말은 우리말이 되지요. 이러한 과정을 언어 국적 심사라고 비유할 수 있겠네요. 현재 우리말에는 영어에서 유래한 외래어가 가장 많습니다. 이 외에도 독일어에서 유래한 '알레르기allergie', '테마thema', '노이로제neurose' 등과 이탈리아어에서 유래한 '피아노piano', '솔로solo', '소프라노soprano' 등 각국의 대표적인 문화 특징에 따른 단어가 많이 유입되었지요.

인터넷의 보급으로 말의 전달 속도가 상품과 자원의 직접적인 보급 속도를 앞질러 더 이상 외국어와 외래어의 구분이 모호해졌습니다. 특히 시시각각 변하는 IT 산업의 용어는 영어를 그대로 사용하는 경우가 대부분입니다. 전문 분야에서 외국어 사용은 의미와 개념의 효율적인 전달 면에서 긍정적이기는 합니다. 하지만 그들만의 리그가 될 수도 있지요. 의사소통은 상대가 알아듣도록 하는 것이 기본입니다. 외국어를 자주 보고 들을 기회가 많아 익숙한 사람이 있는 반면, 외국어가 외계어로 인식되는 사람도 매우 많아요. 외국어를 잘하는 것은 하나의 능력이지만 타인과 의사소통을 할 때, 상대가 알아듣지 못하는 언어를 하면서 '소통'을 외치는 것은 '놀부 심보' 아닐까요?

한국어를 배우는 외국인 친구에게 '놀부 심보'를 어떻게 설명하겠어요? '흥부와 놀부' 이야기와 등장인물의 성격을 묘사해야겠죠. 그리고 거기에 담긴 우리나라의 정서 또한 설명해야 할 거에요. 놀부를 바라보는 관점이 우리와 다를 수도 있으니까요. 정신적 가치는 문화와 시대에 따라 늘 변하기 때문에 오늘날 우리도 놀부를 조금 다르게 바라본다는 설명까지 해 주면 좋을 것 같네요. 마찬가지로 우리도 외국어를 배울 때 언어기호와 단편적인 의미만 배울 것이 아니라 거기에 담긴 스토리와 문화를 함께 즐기면 조금 더 재미있게 외국어로 소통할 수 있어요.

02
존재의 이유

> 존재는 본질에 선행한다. l'existence précède l'essence.
>
> — 장 폴 사르트르 Jean Paul Sartre

실존주의는 20세기 전후 프랑스와 독일을 중심으로 퍼진 철학 사조입니다. 실존이란 말 그대로 '실제로 존재한다'라는 뜻입니다. 우리는 존재합니다. 태어났기에 존재하고 이렇게 살고 있습니다. 그러다 불쑥 이런 생각이 떠오르기도 해요.

'나는 누구일까? 무엇을 하고 살아야 할까? 나라는 사람은 도대체 어떤 사람일까?'

이러한 질문은 특별한 삶의 전환기에만 올라오는 것은 아닙니다. 길을 걷다가도, 버스 안에서도, 잠들기 전에도 문득 올라옵니다. 삶을 바라보는 태도에 따라 진지하게 고민하는 사람도 있을 것이고 그냥 쉽게 넘어가는 사람도 있을 테죠.

우리가 존재와 본질에 대해 고민을 하든 안 하든, 삶의 이유를 알든 모르든 태어났으니 우선 존재합니다. 사르트르는 이것을 존재는 본질에 선행한다고 설명했습니다. 사르트르의 실존주의를 이해하려면 신의 존재에 대한 부정이 전제되어야 합니다. 기독교적 관점에서는 인간이 태어나 존재 하는데는 신이 내려준 각의 소명을 실천하기 위해서라고 설명합니다. 우리가 존재하기 전에 신이 우리를 규정한 본질이 있다는 거죠. 반면 실존주의 관점에서는 인간은 자신의 의지와 상관없이, 특별한 이유 없이 세상에 '던져졌다'고 말합니다. 애초에 인간에게는 존재에 대한 이유가 없기 때문에 각자가 스스로 삶의 이유와 방식을 결정하고 주체적으로 선택해야 한다고 말합니다.

사르트르는 사물과 인간의 본질을 비교 설명합니다. 사물은 애초부터 본질이 우선합니다. 본질, 즉 존재하는 이유가 있기 때문에 존재하는 거죠. 이유 없이 어떤 사물을 만들어 내는 것이 아니라 필요에 의해서, 그 필요의 본질에 의해서 사물이 만들어집니다. 지금 제가 사용하고 있는 노트북은 이것을 발명하고 설계하고 생산할 때 이미 발명자의 머릿속에 노트북의 개념이 정해져 있지요. 노트북이 어디에 어떻게 쓰일지 알고 만들어집니다. 이러한 사전 계획, 즉 본질의 규정 없이는 노트북이 만들어지지 않죠. 사물은 본질이 있고 난 뒤에 존재하게 됩니다.

외국어, 저도 잘하고 싶습니다만

모국어와 외국어를 비교 설명하는 데 실존주의까지 거창하게 언급해야 하냐고 할 수도 있겠죠. 외국어가 누군가에게는 모국어이지만 이를 외국어로 배우는 입장에서 외국어는 시간과 노력을 투자해야 얻어지는 결과물입니다. 우리에게 외국어는 하나의 효용 가치를 따지는 사물과 비슷합니다. 존재하기에 저절로 습득되는 모국어와는 완전히 다르죠. 모국어는 우리가 존재하면서 동시에 존재합니다. 모국어를 왜 해야 하는지 이유를 묻거나 그 사용에 대해 의심을 갖지 않죠. 우리가 왜 태어났는지 아무도 모릅니다. 모국어는 우리의 존재와 같아요. 우리가 부모님을 선택하지 않은 것처럼 한국어를 모국어로 선택한 것도 아닙니다.

반대로 외국어는 선택의 자유가 있습니다. 선택 전에 이유를 묻습니다.

'왜 이 외국어를 선택했어요?' '이 외국어 배워서 뭐하려고요?'

외국어는 우리에게 마치 사물처럼 본질이 우선하는 존재입니다. 이득과 가치를 따질 수 있는 사물과 같죠. 옷장에 옷이 많은데도 옷을 한 벌 더 사는 그런 소비재는 아닙니다. 한번 시작하면 꽤 고된 암기의 길과 곳곳에 숨어 있는 망각의 늪에 빠져 허우적거릴 수도 있어요. 물론 외국어를 지나치게 목적 의식적인 필요의 수단으로만 생각하는 데도 한계가 있습니다. 하지만 외국어를 배우기로 선택한 이상 자신에게 외국어가 왜 필요한지 어디에 사용할 것인지 조금 진중하게 생각해 볼 필요가 있습니다.

외국어를 배우는 이유를 글로 적어 보세요. 손으로 쓰고 눈으로 보면 생각이 구체화 되면서 방향이 잡히고 확신이 생깁니다.

외국어를 배우는 이유 세 가지

1.

2.

3.

최근 한 조사에 의하면 현재까지도 외국어를 배우는 가장 큰 이유는 '외국어 공인 시험 점수를 높게 받기 위해서'라고 합니다. 단편적으로 점수 올리기가 외국어 학습의 목표라면 거기에 따른 학습법에 맞추어 점수를 올릴 수도 있어요. 하지만 그러한 학습법과 목표 의식으로는 원활한 소통까지 기대하기 어렵습니다. 외국어도 언어입니다. 외국어로 소통하고 싶다면 지금까지의 학습법을 되돌아보고 거기에 맞는 학습법과 마음가짐으로 목표를 재설정하는 것이 우선입니다.

외국어, 저도 잘하고 싶습니다만

03
내 것이 되는 배움

　습득習得과 학습學習에 공통적으로 사용된 '습習'이라는 글자에는 익히고 배운다는 표면적인 뜻에 반복이라는 행동이 숨어 있습니다. 무엇인가를 배우고 익혀 내 것으로 만들기 위해서는 여러 번 반복해야 합니다. 단번에 배워지는 것은 없어요. 여러 번 반복해야 머리와 마음에 기억되어 필요할 때 사용할 수 있는 지식의 도구가 됩니다. 기초적인 배움에 있어 반복은 필수입니다.

　그렇다면 습득과 학습의 차이는 무엇일까요? 둘 다 비슷한 개념이지만 습득은 배움과 반복을 통해 내 것이 되어 인식하지 않아도, 의식적으로 애쓰지 않아도 나오는 상태입니다. 반면 학습은 의식적으로 기억하기 위해 반복하는 행동입니다. 한 번 보고 한 번 읽어서 학습의 결과를 기대할 수 없어요. 학습은 행동이고 습득은 학습의 결과물을 소유하는 상태입니다. 다시 말해, 학습을 통해 습득에 이를 수 있습니다. 계속해서 공부하고 배우는 행동을 학습한다고 하지, 습득한다고 하지는 않잖아요. 영어로도 습득은 'acquisition/acquire'로 '얻다, 얻어내어 나의 소유가 되었다'는 소유의 개념이, 학습은 'learn, study'로 배우는 행동, 행위가 포인트입니다.

습득과 학습의 또 다른 차이는 '저절로'입니다. 우리는 모국어를 의식적으로 배우려고 애쓰거나 배운 것이 머리에서 사라질까 아등바등 조바심을 내지 않죠. 자연스럽게 언어 환경에 노출되어 귀가 트이고 말문이 열렸습니다. 하지만 외국어는 우리가 기억을 하려고 의도적으로 반복하고 반복해야 합니다. 단순히 언어 환경에 노출된다고 해서 외국어 실력이 향상되지 않습니다.

모국어와 외국어는 계속된 외부의 자극으로 우리 두뇌에 저장되어야 비로소 꺼내어 사용할 수 있어요. 그것도 일정 시간이 조금 지나야 합니다. 아기가 생애 첫 단어를 발화할 때까지 약 1년여의 시간이 필요합니다. 아기는 계속된 외부 언어 자극으로 두뇌 신경이 발달하고 구강 구조와 호흡 기관이 발성할 수 있는 구조로 성장해야만 발화가 가능해요. 그렇게 말문이 열리고 나면 아기는 매우 빠른 속도로 말을 배우기 시작해요. 오직 듣는 것만으로 말이죠.

외국어 학습은 이와 다릅니다. 외국어를 배울 때 즈음 우리의 두뇌는 새로운 언어를 학습할 수 있을 만큼 발달되어 있죠. 발성할 수 있는 호흡기와 구강 구조도 완벽하게 갖추고 있고요. 그래서 모국어처럼 자연스럽게 환경에 노출되어 습득되기보다는 의식적으로 노력하는 과정을 통해 외국어를 학습합니다. 외국어는 의지와 의식적인 노력 없이 내 것이 되지 않아요. 나의 노력과 시간이 투자되어야만 내 것으로 만들 수 있어요. 그 누구도 태어날 때부터 외국어를 잘하는 사람은 없습니다. 외국어는 학습 시간과 노력에 정비례하는 공정한 나와의 거래라고 생각해요. 다른 것을 할 수도 있는 시간에 다시는 돌아오지 않는 소중한 시간을 투자해야만 합니다. 이왕 하는 거 잘하고 싶네요.

자연계에서 가장 나약한 동물인 인간이 살아남을 수 있었던 이유는 소리에 반응하는 지능 덕분이었습니다. 소리는 가장 원초적인 감각입니다. 인간의 청력은 동물의 청력보다 약하지만, 인간은 소리를 듣고 생존했습니다. 모든 소통의 시작은 소리입니다. 모국어를 학습할 때 우리는 소리로 했습니다. 모국어를 소리로 습득했듯이 외국어를 소리로 학습하는 것이 가장 먼저 가야 할 길입니다. 말을 배우는데 당연히 말소리를 훈련해야 하지요. 머리로만 이해하지 말고 입을 열어 소리로 반복 훈련하세요.

04
태초에 소리부터 있었다

아이가 말을 트는데 세 가지 조건이 함께 작용해야 합니다. 외부의 소리 자극, 두뇌 신경의 발달, 그리고 신체 발달, 특히 호흡과 구강 구조의 발달입니다. 아기가 청각을 통해 꾸준히 일정 시간 언어에 노출되고 두뇌와 신체 구조가 발성할 수 있을 만큼 성장했을 때 비로소 말소리가 입으로 나오게 됩니다. 가장 중요한 것은 외부의 청각 자극입니다. 외부 입력이 없으면 출력이 불가능합니다. 다시 말해 입력이 있어야 출력이 있죠.

아기는 엄마가 말을 할 때 엄마의 표정과 입이 움직이는 모습을 보고 감정과 언어를 학습합니다. '따라쟁이' 아기가 올바른 언어 습관을 얻고자 원한다면 양육자는 고운 말과 정확한 말을 하는 것이 좋겠죠. 하지만 현실에서 모두가 아나운서처럼 문법에 맞는 말을 사용하지는 않잖아요. 문법적으로 옳지 않은 말이 입력되면 문법에 맞지 않는 말이 나와야겠지요. 하지만 아이는 부정확한 언어 환

외국어, 저도 잘하고 싶습니다만

경에서도 말을 올바르게 합니다. 왜 그럴까요?

언어 습득에 있어 여러 가지 이론과 주장이 있지만 저는 노암 촘스키Noan Chomsky의 선천적 언어 습득 장치Language Acquisition Device: LAD를 말하고자 합니다. 노암 촘스키는 인종과 언어를 막론하고 모든 인간의 두뇌에 선천적 언어 습득 장치가 있다고 설명합니다. 그덕분에 아기가 일정 성장 단계에 이르면 언어를 구사할 수 있다고하지요. 언어 습득 장치는 우리의 두뇌에 중심적 역할을 하는 특수기관이며 이 기관이 존재하기 때문에 언어 습득이 가능하고, 언어습득 능력은 지능과 상관없이 독립적으로 움직이는 장치라고 설명했습니다. 이에 대해 , 아기의 지능이 낮아도 언어능력이 뛰어난 경우와 아기의 지능이 높아도 언어능력이 떨어지는 사례를 제시했습니다. 촘스키는 언어 습득 장치에 아기가 언어를 습득하는데 필요한 모든 기본 원칙이 담겨 있다고 설명합니다.

촘스키의 이론에 따르면 가장 중요한 것은 외부 자극입니다. 아기가 언어에 노출되면 저절로 말을 습득할 수 있다고 합니다. 두뇌를 자극하는 외부 언어 입력이 없으면 언어 습득 장치는 영원히 깨어나지 못한다고 설명하지요. 자동차에 휘발유를 넣어야 차가 움직이듯 외부의 소리 언어가 들어와야 잠재된 언어 습득 장치가 가동된다고 했습니다. 그렇게 언어습득 장치가 가동되면 아기가 문법적인 이해나 용어를 몰라도, 말하는 순서를 의도적으로 학습하지 않아도 언어공동체가 사용하는 말을 자연스럽게 배울 수 있다고 합니다. 촘스키의 언어 이론은 언어 교육과 연관하여 광범위하게 수용되고 있지요.

두뇌학자는 우리 두뇌에는 언어를 담당하는 영역이 있고 특정한 성장 기간 동안 이 영역에 적절한 언어 자극이 가해지면 두뇌 신경세포가 활성화되어 언어를 습득할 수 있다고 밝혔습니다. 이렇게 습득된 언어는 시의적절한 반복 훈련과 교육으로 더욱 강화됩니다. 우리의 언어능력이 본능이든, 아니면 두뇌 진화에 의한 생물학적인 발달 단계이든, 태어나 일정 시간이 지나면 인간은 자신의 모국어를 습득하여 말을 합니다.

우리의 언어 습득 장치는 모국어로 구성되어 있습니다. 이 모국어 시스템이 없다면 추가적인 언어 입력이 어렵습니다. 이에 대한 사례로 인간 사회의 접촉 없이 정글에서 홀로 자란 성인의 이야기가 자주 거론됩니다. 이 사람은 동물과 다를 바 없었습니다. 생김새만 사람이었을 뿐 말도 못 하고 동물처럼 본능에 이끌려 행동했다고 합니다. 특이하게도 이 사람이 정글에서 벗어나 인간사회로 돌아왔을 때 언어 습득이 불가능했다는 것이죠. 이 사람의 머릿속에는 언어라는 틀 자체가 전혀 존재하지 않았기 때문에 꾸준한 사회적 학습에도 불구하고 언어 발달이 어려웠다고 합니다. 극단적이기는 하지만 언어 습득 장치는 결정적 시기에 자극되어야 깨어난다는

외국어, 저도 잘하고 싶습니다만

것을 보여 주는 사례였습니다.

　동물은 발성하고 인간은 발음합니다. 동물의 외마디소리나 괴성은 숨이 들고 날 때 성대가 진동하면서 나오는 소리입니다. 아기의 옹알이도 이와 같죠. 인간이 다양한 발음을 할 수 있는 이유는 생물학적 구강 구조의 진화 덕분입니다. 발성은 두뇌 세포나 신경 자극이 아닌 물리적인 운동입니다. 공기가 폐를 통해 나오면서 성대를 자극하고 거기에 혀의 위치와 입의 모양에 따라 발음이 결정됩니다. 우리 몸에는 공기가 들고나는 기도와 음식이 들어가는 식도가 구분되어 있습니다. 공기는 기도를 통해 폐로 전달되고 음식은 식도를 통해 소화 기관으로 전달됩니다. 기도와 식도가 갈라지는 주위에 후두가 있습니다. 후두의 위치에 따라 정확한 발음 여부가 결정되지요. 목이 짧으면 후두는 높이 위치합니다. 목소리가 나오는 길인 성도聲道도 짧지요. 이러면 정확한 발음이 어렵습니다. 성장으로 목이 길어지면 후두는 자연스레 아래 위치합니다. 이에 따라 성도는 길어져 다양하고 정확한 발음을 할 수 있습니다. 여기에 폐활량을 조절하며 숨쉬기와 침삼키가 되면 인간의 언어를 할 수 있는 조건이 충족됩니다. 갓 태어난 아기들의 구강 구조는 유인원과 비슷해요. 그래서 아이가 세상에 둘도 없는 천재라 해도 발음을 할 수가 없어요. 영화 〈혹성 탈출〉은 공상 그 자체입니다. 유인원의 두뇌가 인간만큼 진화 발달한다 해도 입이 튀어나오고 성도가 짧으면 인간과 같은 정교한 발음이 불가능하기 때문이죠.

기적 같은 생애 첫 단어 '엄마'가 발음되기까지 우리의 신체는 두뇌와 호흡 기관, 그리고 발성 기관이 신기하게도 박자를 맞춘 듯 발달됩니다. 이 중 하나라도 엇박자로 이루어지면 전체적으로 언어 발달은 늦어지지요. 언어는 의사소통의 도구이자 생각의 도구입니다. 언어 발달이 순조롭게 이루어질 때 아이의 사고력도 향상됩니다. 언어발달에서 가장 중요한 것은 듣기입니다. 컵에 가득 물을 따라야 넘쳐납니다. 귀로 소리가 많이 들어와야 머리가 가득 채워지고 채워진 말들이 입으로 나올 수 있습니다.

05
소리를 구분하다

"도대체 얼마나 더 해야 외국어로 대화가 가능할까요?"

외국어 학습에 오랜 시간과 노력을 투자한 대부분은 늘 이런 질문을 품고 있습니다. 이분들의 공통점은 문법에 대한 이해도도 높고 어휘력도 고급수준이라는 거죠. 분명히 오랜 시간 동안 많은 노력을 했지만 원하는 결과가 나오지 않아 답답해합니다. 말문이 열리려면 반드시 많이 들어야 합니다. 모국어 습득에서 가장 중요한 것이 외부 언어 자극입니다. 외국어 학습도 마찬가지입니다. 아무리 눈으로 보고 쓰고 읽어도 귀로 채워지지 않으면 입으로 넘쳐 나오지 않습니다. 무엇보다도 많이 들어서 소리에 익숙해져야 합니다.

중학교 때 처음으로 영어를 배웠습니다. 사선지에 ABDC를 쓰는 것부터 시작했죠. 대문자와 소문자를 선에 맞추어 쓰고 단어와 문장을 배웠습니다. 문법과 단어를 이해하고 나면 독해로 넘어갔어요. 독해란 말 그대로 읽고 해석하기입니다. 선생님께서 친구 한명을 지명해서 그 친구가 읽으면 선생님이 단어를 설명하고 문장을 풀이해주셨습니다. 크게 소리 내어 읽기보다는 단어와 단어의 뜻을 찾고 해석하여 전체적인 의미와 맥락을 우리말로 파악하는 것이 영어 공부의 대부분이었어요.

이 방식은 제가 초등학교 때 서예 학원에서 배운 천자문 학습과 다를 바가 없었습니다. 백발의 나이 지긋하신 선생님은 한 획씩 쓰는 법을 알려주셨고, 이 짧은 과정이 끝나자마자 천자문 쓰기를 시작했어요. 천자문을 눈으로 보고 머릿속으로 기억했지만 읽지는 않았던 것 같아요. 한 번 진도를 나갈 때마다 여덟 자를 배우는데 그 여덟 자를 선생님께서 한 번씩 읽으시고 저는 소리를 기억해서 붓으로 쓸 때마다 머릿속으로 암기했어요. 천자문을 사용해 대화할 일도 없었고 소리 내어 읽을 필요도 없었지요. 당시 배운 한자 덕분에 중고등 학교 때 한문 과목 성적은 나쁘지 않았고 국어 시간에 사자성어의 의미를 파악하는 데도 도움이 되었죠. 한문을 소리 내어 읽기는 했지만 한문으로 소리내어 대화를 한 적은 없습니다.

학교 다닐 때 영어와 한문 과목 점수는 평균 이상이었습니다. 제가 영어와 한문 기호에 담긴 뜻을 잘 기억해서 문장분석과 의미파악을 나름 잘했기 때문이었죠. 그렇다면 점수가 좋다고 해서 영어를 잘했다고 할 수 있을까요? 영어 과목의 점수가 좋다는 말은 영어를 잘한다는 말이 아닙니다. 말할 수 없다면 언어로서의 기능이

외국어, 저도 잘하고 싶습니다만

불완전하기 때문이죠.

외국어를 배울 때 가장 중요한 것은 모국어와 마찬가지로 청각 자극입니다. 많이 들어서 소리와 억양에 익숙해져야 하지요. 아무리 단어의 뜻을 많이 알고 문법을 통해 문장 분석을 하고 독해를 잘한다고 해도 막상 대화를 하려면 꿀 먹은 벙어리가 되는 이유는 듣기 훈련이 되지 않았기 때문입니다.

저는 외국 드라마를 자주 보는 편입니다. 한글 자막이 달린 드라마를 보면 두 가지 언어가 서로 상호 작용하면서 이해되지 않는 부분을 서로 채워 주죠. 그래서 외국어 학습에는 나름 도움이 됩니다. 하지만 외국어로 대화하는 것은 외국 드라마에 출연하는 것과 같습니다. 지금까지 관객으로서 자막과 말풍선 도움을 받아 이해했다면 지금부터는 오로지 소리에만 집중해서 상대의 말을 이해해야 합니다. 소리에 익숙하지 않으면 단어를 많이 알고 문장 구사력이 뛰어나다고 해도 입으로 나오지 않습니다.

듣기와 말하기 교육의 중요성이 부각되면서 외국어 조기 교육에 대한 논쟁도 함께 등장했습니다. 머리가 굳기 전에, 혀가 굳기 전에 빨리빨리 새로운 언어를 배워야 한다는 논리였죠. 모국어 습득에는 결정적 시기가 있어요. 그 시기가 늦어지면 두뇌 발달과 사회성 개발이 함께 늦어집니다. 따라서 외국어 조기 교육에 찬성하는 사람들은 외국어 학습에도 결정적 시기가 있다고 생각하지요. 모국어와 거의 비슷한 시기에 외국어를 배워야 한다고 주장합니다. 자신들의 주장을 '간섭 이론'에 근거해서 설명합니다. 간섭 이론은 이미 머릿속에 체계가 잡힌 언어가 새롭게 배우는 언어를 학습하는 데 간섭한다는 이론인데요, 이는 두 가지 언어의 차이로 인해 외국어 학습이 더뎌진다고 주장합니다.

저는 외국어를 하고 나서 모국어를 재발견했습니다. 우리말만 했다면 모를 수도 있었던 모국어에 대한 새로운 시각을 얻었지요. 그 덕분에 우리말이 얼마나 맛깔스러운지 알게 되었습니다. 흰색만 있으면 흰색이 얼마나 하얀지 가늠하기 어렵지만 흰색과 검정을 비교하면 그때야 흰색이 얼마나 하얀지 깨닫게 되지요. 모국어와 외국어는 언어 감각을 키우는데 서로 도움을 주고받습니다. 아무리 모국어 체계가 확고하게 자리 잡고 있다 해도 외국어 소리에 익숙해지기만 하면 외국어 실력에 가속도가 붙습니다. 그래서 많이 들어 소리에 익숙해지는 것이 매우 중요하지요.

모국어가 두뇌에 자리잡은 이후에 외국어를 배우는데 나이는 중요하지 않습니다. 성인은 문자이해력이 높고 주위 지속시간도 조절할 수 있습니다. 청소년이 1년 배울 학습량을 성인은 6개월이면 충분합니다. 성인은 자발적으로 학습 동기를 찾고 언어와 개념의 틀이 넓고 다양하기에 이해가 빠릅니다. 인지 능력이 아이와는 확연히 다르지요. 모든 의사소통의 시작은 듣기부터입니다. 이건 외국어를 배우는 태도이기도 하고 상대와 친밀하고 공감을 나누고 싶을 때 취하는 자세이기도 해요. 상대와 통하고 싶으면 상대의 이야기를 들어 주고 외국어로 통하고 싶으면 외국어로 듣기부터 해야 해요. 소리에 익숙해지지 않으면 절대 말을 할 수 없어요. 신생아들이 '엄마'라는 말을 할 때까지 '엄마'라는 단어를 읽었을까요? 썼을까요? 아니요, 수도 없이 들었지요. 외국어도 이와 같답니다.

"많이 들으라고 하는데 도대체 어떻게 들어야 하나요?"

많은 분들이 하는 질문 중의 하나입니다. 무조건 듣기만 하면 되나요? 모든 언어에는 음악과 마찬가지로 높낮이와 리듬과 호흡이 있습니다. 마치 노래처럼 말이죠. 가사를 몰라도 멜로디를 알면 흥얼거릴 수 있어요. 마찬가지로 말의 멜로디에 가장 먼저 집중하세요. 말의 멜로디에 익숙해지면 그때 따라 하세요. 따라 하면서 자신의 목소리에 집중하세요. 그 다음에 머리로 뜻을 생각하며 듣고 따라 하세요. 마지막으로는 지금 따라 하는 말이 언제 사용될지 상황을 상상하면서 따라 하세요. "많이 들어야 합니다."에는 귀와 머리로 상대와 나의 목소리를 듣는 것을 뜻합니다.

06
소리와 이미지

세상에서 처음으로 하는 말 '엄마!' 아기가 '엄마'로 말문을 트고 나면 지금까지와는 다른 속도로 언어를 습득하기 시작합니다. 밥, 물, 우유, 기저귀와 같은 명사는 직접 보고 만지면서 배우고, 먹다, 자다, 목욕하다, 울다, 웃다와 같은 동사는 행동으로 배우죠. 예를 들어 양육자가 '주세요'라고 하면서 손을 내밀면 아기도 똑같이 행동을 따라 하면서 '주세요'라는 소리 언어를 행동으로 배웁니다.

이 시기에 아기는 오감을 통해 온몸으로 말을 습득합니다. 보고 듣고 만지고 먹고 냄새 맡으면서 배우죠. 이렇게 배운 단어는 이미지로 기억됩니다. 엄마를 말로 설명할 수도 글로 쓸 수도 없죠. 하지만 '엄마'라는 단어는 엄마의 느낌, 엄마의 표정, 엄마의 목소리, 엄마의 감촉으로 저장됩니다. 외부에서 엄마라는 소리가 들려오면 아기는 엄마의 이미지를 바로 떠올립니다. 아기는 이렇게 이미지와 그 이미지의 소리를 결합하면서 어휘를 늘려갑니다. 글을 배우기 전까지는 모든 기억을 소리와 이미지에 의지합니다. 이미지는

외국어, 저도 잘하고 싶습니다만

청각, 시각, 촉각, 미각, 후각의 총집합입니다. 연필을 예로 들어봐요. 연필 하면 가장 먼저 떠오르는 것은 연필의 이미지입니다. 마치 한 장의 사진처럼 떠오릅니다. 이는 나이와 상관없이 두뇌가 기억하는 방식이기도 합니다. 1차적으로 모든 기억은 소리와 이미지로 저장되고 이후 글을 배우면 문장으로 기억을 서술할 수 있습니다.

모든 언어는 이미지와 소리와 문자의 결합체입니다. 이 세 가지의 구성요소가 온전히 결합될 때 언어로 기능할 수 있습니다. 우리에게 외국어가 어렵게 느껴지는 이유는 가장 기본적인 외국어 소리와 우리가 기억하는 이미지가 분리되어 있기 때문입니다. 성인은 이미 세상의 이미지와 개념을 모국어로 갖추고 있습니다. 여기에 외국어 소리 문자를 연결해야 합니다. 하지만 대부분 외국어 소리와 머릿속 이미지와 연결이 느슨하기 때문에 알고는 있지만 말로 나오지 않지요. 우리는 아이처럼 새롭게 개념과 세상을 새롭게 배우는 과정이 필요 없습니다. 성인은 세상의 모든 개념을 이미 머릿속에 모국어로 구축하고 있지요. 우리가 알고 있는 세상에 외국어 소리와 문자를 첨가하는 것이 외국어 학습의 과정입니다.

구조주의 언어학자 소쉬르Ferdinand de Saussure는 각각의 언어 기호와 소리를 기표(signifiant, 시니피앙)라고 했습니다. 그리고 기표에 담긴 의미를 기의(signifié, 시니피에)라고 불렀지요. 우리는 자동차를 자동차로 영어는 car카, 프랑스어는 voiture브아뛰흐, 독일어는 Auto아우토라고 쓰고 발음합니다. 보다시피 기표는 언어마다 다릅니다. 하지만 서로 다른 기호와 소리에 담긴 기의는 동일합니다. 즉 자동차라는 물건의 본질은 세계 어느 곳을 가도 동일하지요. 성인은 소쉬르가 말한 기의 즉 모두가 인정하고 시공간의 제약이 없는 보편적인 의미를 두뇌에 이미지로 기억하고 있습니다. 외국어 학습은 외국어 소리와 문자에 모국어로 저장된 이미지를 연결하는 것입니다.

외국어 소리와 모국어로 만들어진 이미지를 연결하기 위해서는 무엇보다 외국어 소리에 익숙해져야 합니다. 이미지 기억에는 언어가 개입하지 않습니다. 연필을 떠오르면 이미지가 먼저 떠오르고 이후 '연필', 'pencil'의 소리와 문자기호가 떠오릅니다. 이 과정은 불과 0.03초도 걸리지 않는 두뇌의 기억능력이기 때문에 우리는 이 과정을 인식하지 못합니다. 새로운 정보의 입력이 기억의 창고로 저장되어 다시 재생되어 나오는 과정은 찬라의 순간입니다. 이렇게 짧은 시간에 두뇌가 기억을 재생하기 위해서는 자극이 필요합니다. 가장 원초적이고 민감한 외부자극은 소리이며, 소리언어에 익숙해지는 것이 의사소통의 모든 기본입니다.

모국어습득은 소리듣기→따라 말하기→이미지 개념 이해하기→읽기→쓰기의 순서로 진행됩니다. 그러면 우리가 하는 외국어 학습은 어떻게 진행되나요? 우리는 대부분 소리에 익숙하기 전에 눈으로 보고 읽고 쓰는데 집중합니다. 눈으로 읽기→이미지 개

외국어, 저도 잘하고 싶습니다만

넘 이해하기→암기하기가 대부분 전부입니다. 소리로 듣고 말하기 과정이 애초에 생략되거나 기억되지 않을 정도로만 반복하기에 말소리가 나오지 않습니다. 외국어 학습을 대부분 책으로 하기 때문에 가장 먼저 자극되는 감각은 시각입니다. 눈으로 책을 읽다가 모르는 단어가 나오면 사전을 찾아 의미를 파악하고 문장을 분석한 후에 전체적인 흐름과 문맥을 이해합니다. 이러한 학습법은 점수를 올리기에는 용이하나 실질적으로 사용할 수 있는 살아있는 언어학습법은 아닙니다. 그럼에도 우리는 이러한 학습을 해 왔지요.

외국어 학습의 핵심은 '소리'입니다. 하루에 자신이 외국어 학습에 투자할 수 있는 시간을 10이라고 한다면 초기 단계에서는 소리 학습에 7을, 소리를 들어 익힌 단어와 문장을 반복하고 암기하는데 2를 그리고 문장을 읽고 문맥을 파악하는데 나머지 1을 할애하는 것이 효율적입니다. 하지만 우리는 정반대로 문장을 읽고 문맥을 파악하는데 7을 단어와 표현을 소리 없이 암기하는데 3을 소리 듣기 학습에는 아예 할애하지 않는 경우도 허다합니다.

외국어 소리 학습은 앵무새처럼 따라하는 것을 포함해 모국어로 알고 있는 개념 체계에 외국어 소리를 추가하는 과정을 말합니다. 이 단계에서는 문법의 설명과 문장의 분석보다는 우리말에 해당하는 개념에 외국말을 무조건적으로 결합하는 반복학습이 필수입니다. 인내심이 필요한 기간이지요. 외국어 기초단계에서 '왜 이렇게 말을 해?'라고 따지면 딱히 할 말이 없습니다. 아이들은 말을 배울 때 그냥 듣고 따라합니다. 틀리든 말든 느끼는대로 따라합니다. 이제 막 말을 배우는 아이에게 문법을 설명하지 않습니다. 외국어를 배울때도 이와 같습니다. 소리언어에 익숙해지고 틀이 보이기 시작할 때 그들이 말하는 법, 즉 문법을 시작하면 됩니다.

외국어 학습을 시작하면서 자주 찾는 것이 사전입니다. 저는 종이사전 세대라서 필요한 단어는 사전에다 형광펜으로 칠하고 단어 설명은 색연필로 밑줄 쳐가며 학습했죠. 지금은 스마트폰 하나면 영한 · 한영 · 영영 사전은 물론 모든 언어 사전을 찾아 사용할 수 있습니다. 스마트 폰이 통번역도 해주는 시대이니 별로 놀랄 만한 사실도 아니겠죠. 제가 단순히 아날로그 세대이기 때문에 종이를 선호하는 것은 아닙니다. 종이에 기록하는 습관은 손 운동으로 뇌를 자극하여 기억력을 향상시킵니다. 저는 여전히 외국어 관련 문서를 읽다가 모르는 단어를 스마트 폰으로 검색한다 해도 한두 번이라도 꼭 소리 내어 말하면서 종이에 적습니다. 이 방법이 익숙하지 않다면 전자사전의 음성지원을 활용하여 찾았던 단어를 여러 번 듣고 단어가 포함된 예문 또한 들어서 듣는 감각을 꼭 키우시기 바랍니다. 어떤 방식을 하더라도 가장 우선시 돼야 할 것은 바로 '소리학습' 입니다.

외국어, 저도 잘하고 싶습니다만

07
이미지와 문자

책이 인류의 손에 쥐어진 이후 문자와 책은 권력의 상징이었습니다. 책 안에 세상의 모든 이치와 비밀이 담겨 있었던 거죠.《장미의 이름 Il nome della rosa》저자 움베르트 에코Umbert Eco를 보면 서양중세 시대에 종교세력과 귀족이 도서관과 책을 중심으로 어떻게 권력을 유지했는지 알 수 있습니다. 우리나라에서도 양반 계급에서만 책과 글을 접할 수 있었죠. 책이 대중화되면서 지식의 평등화가 이루어졌습니다. 한쪽으로 몰려 있던 지식 권력이 분산되면서 글을 읽고 배우는 것은 국가가 국민에게 해주는 의무가 되었습니다. 선진국과 후진국을 분류하는 기준에 공교육의 수준과 국민의 문맹률이 포함된 것을 보면 이해할 수 있습니다.

아이는 만 3세를 전후로 두세 단어를 결합하여 문장을 구사하기 시작합니다. 이 시기에는 이미지와 개념을 소리로 우선 습득합니다. 지금까지 아이가 일상의 단어를 습득했다면 앞으로는 일상을 벗어나 다양한 경험을 통해 어휘를 확장하는 것이 좋습니다. 직접 체험하는 것이 가장 좋겠지만 현실적인 시간의 제약이 따릅니다. 이때 가장 좋은 대안은 책입니다. 이 시기에 아이는 소리 언어에 매우 익숙하지만 대부분 글을 아직 읽지 못하죠. 한글을 빨리 깨우치게 해서 스스로 독서를 권장하기도 합니다. 하지만 아이들의 집중력은 오래 가지 않기 때문에 양육자가 옆에서 함께 책을 읽어주는 것을 권장합니다. 아이들이 독서를 통해 다양한 분야의 어휘와 표현을 배워가면서 아이는 들은 내용을 재구성하여 자신만의 이야기를 만들어 낼 수 있습니다. 이때 현실 세계와 자신이 만들어 낸 상상의 세계에 놓인 경계가 모호해져 '거짓말'을 하기도 하는데요, 이는 도덕성이 떨어져서가 아니라 이야기를 만들어 내는 언어와 사고 능력이 급속히 상승했기 때문이에요. 언어 발달 면에서만 본다면 아이의 상상력과 창조력이 향상되고 있다는 증거입니다.

본격적으로 아이가 공교육을 받기 시작하면 글을 배우고 이미지 기억을 확장하는 단계에 들어섭니다. 자신이 하는 말이 어떤 문자 기호로 쓰이는지 배웁니다. 소리 말을 종이 위에 글자로 옮기고, 또 옮겨진 소리 말을 읽습니다. 소리와 글자를 두뇌에 동일화시키는 과정입니다. 이 과정에서 자주 적용되는 학습법이 받아쓰기입니다. 받아쓰기는 소리 언어를 글자 언어로 변형하는 과정입니다. 이 과정은 모든 언어의 습득을 위해 반드시 거치는 과정입니다. 이 과정이 없으면 지식의 확장이 어렵지요. 글자를 소리로, 소리를 글자로 바꾸며 글자와 소리에 담긴 의미와 이미지를 계속해서 만들어 갑니다. 글자를 읽고 이해하는 것은 매우 발전된 소통 방식입니다.

지금까지 의사소통을 소리로만 했다면 이제는 글로 의사소통을 하게 됩니다. 기초 단계에서는 소리에서 얻은 표현만을 기억하고 반복하여 재구성했지만, 이제는 목소리가 아닌 글로 기초 상식과 지식을 획득할 수 있어요. 타인의 도움 없이 혼자서 스스로 생각하고 학습할 수 있는 단계에 진입한 것입니다. 더 이상의 소리 자극 없이도 이미지와 개념을 배우고 상기할 수 있지요.

소리 말과 문자의 동일화 과정이 이루어지면서 아이는 다양한 교과를 접하며 상식과 지식의 체계, 즉 범주화된 개념들을 배우기 시작합니다. 언어의 총체적인 시스템과 더불어 새로운 범주화된 지식의 기둥을 세우고 가지를 연결하여 자신의 지식 세상을 확장해 갑니다. 개념의 나무가 하나둘씩 심어지면서 범주화 과정이 일어납니다.

범주화는 기존에 있는 상식과 지식에 계속해서 연결고리를 이어가는 과정입니다. 이는 곧 어휘의 확장이죠. 동물에서 포유류, 조류, 파충류, 양서류처럼 큰 개념을 만들고 거기에 각각의 동물들이 어디에 속하는지 파악하여 덧붙이는 과정입니다. 범주화로 이루어진 어휘의 확장은 곧 지식과 사고의 확장입니다. 새로운 단어를 하나

더 배우는 것은 범주화의 과정에 연결 고리를 하나 더 이어 가는 과정이죠. 마찬가지로 범주화, 즉 같은 족보, 같은 계열, 같은 계통의 지식 체계를 한곳으로 묶어서 정리하고 또 확장시키는 두뇌 활동은 신속하게 외부 정보를 입력하고 재생산하기 위함입니다. 우리는 이렇게 모국어를 배웠고 모국어로 지식과 상식을 얻었습니다. 그러면 이러한 습득 과정이 외국어 학습 과정과 어떻게 다를까요? 외국어 소리에 익숙해지면 다음으로 어떤 학습 단계를 거쳐야 할까요?

단어의 확장은 결국 사고의 확장입니다. 학습은 단어와 그 개념을 배우고 배운 개념을 범주화하는 규칙과 질서를 이해하며 결국 자신만의 범주화를 얻는 과정입니다. 단순히 단어를 달달 외우는 것이 아니라 단어의 개념을 이해해서 언제든지 다시 사용할 수 있도록 머릿속에 정리하는 것이죠. 글을 읽고 이해하고 분석하는 것이 결국 모든 학습의 시작과 끝입니다. 그리고 글을 이해하기 위해서는 어휘력과 문장 독해력이 필요하고, 어휘력과 독해력을 키우는 데는 독서가 가장 좋습니다. 독서는 다양한 분야의 배경지식을 형성합니다. 배경지식은 외국어 학습에도 매우 도움이 됩니다. 어떤 외국어든 홀로 작동하지 않고 모국어로 쌓인 배경지식과 함께 연동되기 때문이지요. 모국어로 개념과 단어의 이해도가 높아야 외국어도 잘할 수 있습니다.

외국어, 저도 잘하고 싶습니다만

08
암기, 정리, 사용＝입력, 저장, 출력

모국어 습득 과정은 소리말 배우기와 글말 배우기로 구분됩니다. 글을 먼저 배우는 아이는 없습니다. 아이는 모든 배움을 소리에 의존합니다. 엄마가 아이에게 말을 알려줄 때도 또박또박 발음하면서 단어 또는 문장을 여러 번 반복하지요. 어린이집이나 유치원의 학습 방식도 듣고 따라 하기입니다. 선생님이 말하는 것을 받아 적거나 읽지 않고, 듣고 다 함께 소리 내어 말합니다.

아이가 학교에 들어가면서 학습방식은 소리 내서 말하기보다는 책상에 앉아 읽기와 쓰기로 변하기 시작합니다. 읽기는 말하기보다 적은 시간으로 많은 양을 학습할 수 있습니다. 이해와 집중을 요하는 학습은 으레 음소거 모드로 합니다. 도서관, 독서실, 공부방 등에서는 모두가 침묵하지요. 그러나 외국어 학습은 이러한 일반적인 학습법과는 다릅니다. 일반적인 학습은 이해와 분석과 통찰을 요구하기에 집중에 방해되는 요소들을 제거해야 하지만, 외국어 학습은 소리를 듣고 시끄럽게 따라해야 합니다. 소리 없는 언어는 언어가 아닙니다. 태초에 소리말이 먼저였고, 이후에 문자가 나왔지요. 외국어는 매우 실용적인 분야이고, 기술이기도 합니다. 외국어는 사용할 수 있을 때 비로소 외국어입니다. 내 머릿속에 저장된 외국어를 얼마나 빠르게 꺼내서 사용할 수 있는지가 중요합니다.

그럼에도 지금까지의 학습 습관을 버리기가 쉽지 않지요. 외국어를 소리 없이 암기하고, 눈으로 읽고 문제를 풀었어요. 혼자서 책보며 단어 외우고 문법 공부하면 언젠가 성적도 오르고, 외국어 실력이 향상될 거라는 막연한 희망을 갖기도 하지요. 그러나 막상 내가 외국어를 사용해야 할 때는 꺼내어 사용할 수가 없습니다. 암기할 때 소리가 입력되지 않았는데 어떻게 소리가 출력되겠어요. 모든 언어는 반드시 소리로 입력과 출력이 되어야 합니다.

소리에 익숙해지는 단계를 거치고 나면 본격적으로 어휘와 표현을 배우는 단계로 들어갑니다. 이 단계에서 고충의 대상이 외국어에서 모국어로 바뀝니다. 기초단계의 어휘는 일상생활에서의 물질명사와 동사들로 모국어로도 확실하게 개념이 잡혀있는 어휘들이죠. 설명도 필요 없이 사진이나 그림 또는 동작으로 충분히 알 수 있는 어휘들입니다. 하지만 단계가 높아지면서 추상명사와 추상동사가 늘어납니다. 사전의 도움을 구해 뜻을 이해했나 싶지만, 의미는 여전히 애매모호합니다. 아는것 같기도 하고 모르는 것 같기도 하죠. 이는 모국어의 기초가 약하기 때문입니다.

우리는 모국어를 통해 외국어를 배웁니다. 모국어의 기초가 탄탄하지 않으면 외국어 역시 흔들리게 됩니다. 모국어로 개념이 정확하지 않으면 외국어 소리와 문자와 결합해도 그 뜻이 명확하게 와 닿지 않습니다. 외국어 사전 덕에 단어의 뉘앙스를 찾고 대략적인 뜻을 이해했지만 막상 사용하려 할 때는 망설여집니다. 우물쭈물하다가 입에서 말이 나오지 못하고 소통이 잘 되지 않는 경우가 발생하지요. 우리는 모국어로 생각을 합니다. 모국어의 의미 체계가 명확하게 세워져 있지 않으면 외국어 사전을 찾아 뉘앙스와 뜻을 이해한다고 해도 사용하기 어렵지요. 모국어는 우리의 기초체력입니다. 기초체력이 부실하면 어떤 운동을 해도 온전히 배우기 어렵지요.

'reflect'라는 단어를 예로 들어 볼게요. 사전을 찾아보면 '반사하다, 비추다, 반영하다, 반성하다'의 뜻이 가장 먼저 나와요. 이렇게 우리말로만 생각해도 단어의 감이 다가오지 않는다면 뜻을 명확하게 파악하지 못했다는 의미죠. 두리뭉실하게 대략적으로만 알고 있다는 뜻입니다. 우리말 '반사하다, 반영하다, 반성하다'에서 무엇인가가 드러나지 않은 뜻이 있습니다. 숨겨진 사물을 찾아볼까요. 거울이 숨어 있습니다. 다음으로 거울에 비친 자신의 모습으로 이미지를 확장해 보세요. 그럼 의미 파악이 조금 더 구체적으로 다가옵니다. 1차적으로 반사하다, 비추다의 뜻은 알겠습니다. 다음으로 확장된 2차적 의미는 이미 만들어진 과거의 무엇이 비추어진 걸 생각하는 거죠. '반성하다, 곰곰이 생각해 보다'가 이해되기 시작합니다. 거의 대부분의 단어는 1차적 의미에서 2차적 의미로 확장되며 2차적 의미는 추상, 비유, 은유의 뜻으로 확대됩니다. 1차적 의미를 핵심 이미지라고 합니다. 핵심이지지에서 단어의 2차적·3차적 의미가 확대·파생되기에 핵심 이미지를 꼭 기억해야 합니다. 외국어는 우리말과 1:1 대응이 반드시 되지 않기에 문맥과 상황에 따라 변하는 의미를 핵심이미지를 통해 유추할 수 있습니다. 이러한 언어 추리력은 독서와 많은 배경지식으로 키울 수 있습니다. 결국 모든 언어학습의 귀결은 독서이며 특히 외국어 실력을 높이려면 반드시 소리 내어 읽어야 합니다.

모국어 이미지라 함은 사전에서 풀이된 설명을 포함합니다. 따라서 사전을 참조하여 뜻을 찾아 낼 때 반드시 핵심 이미지를 기억하세요. 또한 동사는 함께 자주 사용되는 목적어와 함께 연결하세요. 단어와 단어가 만나 문장이 되고 그 문장을 배열하는 방법이 곧 문법입니다. 단어와 단어가 어떻게 만나야 할까요? 첫째로 서로 의미가 통해야 하고 둘째로 서로 올바른 자리에 있어야 합니다. 결국 모든 언어학습은 단어 짝짓기 또는 단어 퍼즐 맞추기와 같습니다. 그 자리에 꼭 맞는 퍼즐 조각을 찾아 넣어야 전체의 퍼즐 그림이 완성되는 것처럼 말이죠.

외국어, 저도 잘하고 싶습니다만

09
말하는 법, 문법

문법은 해당 언어를 사용하는 사람들이 말하는 방법·방식을 말합니다. 제가 자동차를 Auto아우토라고 한다면 누가 알아 들을까요? 또 미국 사람이 왜 우리에게 동사를 가장 나중에 말 하냐고 묻는다면 어떻게 설명하시겠어요? 답은 그냥 우리가 그렇게 쓰니까입니다. 언어를 사용하는데 논리적인 원리 원칙이 있는 것이 아니라 언어공동체가 그렇게 사용하니까 저희도 그렇게 배우는 것입니다. 그리고 문법을 지켜서 말한다는 것은 결국 그 언어를 사용하는 사람들이 알아듣게 말하는 것을 뜻하죠. 언어는 과학이나 수학처럼 논리와 근거로 따질 수 있는 분야가 아닙니다.

우리가 모국어를 배울 때 엄마에게 "왜 엄마를 인형이라고 부르면 안돼요?"라고 세 살짜리 꼬마가 이런 질문을 했다면 그 아이는 세계적인 언어학자가 될 수도 있을 것입니다. 일반적으로 우리는 말을 하면서 '왜 이렇게 말을 할까?'라는 의문을 갖지 않습니다. 매우 자연스럽게 듣고 말하고 읽고 쓰기를 배웁니다. 국어시간에 비로소 국어문법을 배우죠. 자연스럽게 하던 말을 분석해서 구분하는 과정이 조금 어려웠습니다. 국어 문법 시간이면 묻고 따지지 않아도 저절로 나오는 우리말을 왜 굳이 법칙을 따져 다시 배워야 할까 생각했었습니다.

우리는 국어문법과 영어문법 중에 어떤 것을 더 잘 설명할 수 있을까요? 한 번은 제가 미국인 지인에게 어떻게 영어를 배웠는지 영문법을 예시하며 설명했습니다. 그는 감탄사를 연발하며 자신은 영어문법을 그렇게 설명할 수 없다고 했습니다. 저도 마찬가지로 한국어 문법을 영어 문법만큼 설명할 수 없다고 고백했지요. 모국어는 마치 몸의 일부와 같아서 사용하는 데는 전혀 문제가 없지만 기능과 작동되는 과정을 설명하라고 하면 고개를 갸우뚱합니다. 분명 내 뱃속에 위와 장이 있어 먹고 배출하는데 문제가 없습니다. 하지만 음식이 어디에서 어떻게 소화 효소와 합쳐지고, 각각의 장기가 어떻게 기능하는지는 배우지 않으면 알 수가 없지요. 배워야 알 수 있는 것이 외국어 문법입니다. 모국어를 하게 되면 문법이 저절로 이해 되듯 외국어를 하면 외국어문법이 저절로 이해될 거라는 생각에 외국어 문법을 하지 말라는 극단적인 조언도 가끔 들립니다. 그러나 외국어 문법은 필수입니다. 말하는 법을 배우지 않고 어떻게 말을 할 수 있을까요? 개인의 수준에 따라 문법 학습량의 비율을 조절해서 문법을 배워야 합니다.

문법은 말의 규칙이기 때문에 규칙대로 말을 해야 통합니다. 외국어를 모국어처럼 오랜 시간 자연스럽게 습득하지 않기에 규칙을 알고 말을 해야 합니다. 운전을 배운다고 가정해 봅시다. 자동차 브레이크를 밟고 시동을 건 후에 기어를 바꾸어 엑셀을 밟으면 자동차는 움직여요. 핸들의 각도를 바꾸면 자동차 방향도 바꿀 수 있고요. 이런 실력으로 차를 몰고 나가면 어떻게 될까요? 자신의 생명을 담보하는 것 뿐 아니라 타인의 목숨도 위태롭게 하죠. 차를 도로로 몰고 나가기 위해서는 교통 법규를 배워야 하지요. 너와 내가 서로 안전하게 운전할 수 있는 약속이 교통 법규입니다. 빨간불에서는 멈춰야 하고 차선을 변경할 때는 깜빡이를 켜야 하고 등등 크고 작은 법규를 알아야 합니다. 언어도 마찬가지입니다. 운전에서 교통법규가 말에서는 문법입니다. 문법을 지키지 않고 말하는 것은 거리에서 신호등을 무시한 채 운전하는 것과 마찬가지입니다.

문법은 말의 기둥이자 뼈대입니다. 건물을 떠받치는 기둥과 구조물이 약하면 그 건물은 하중을 견디기 어렵지요. 아기 돼지 삼형제의 큰형은 집짓기가 귀찮아 초가집으로 얼기설기 집을 짓고 아기 돼지 둘째형은 빨리 집을 짓고 놀 생각에 나무로 대강 집을 만들지요. 이 둘의 집은 늑대의 입김과 바람에 날아가 버립니다. 하지만 셋째 돼지 막내는 시간과 노력이 들어도 벽돌로 튼튼하게 지어 늑대의 공격에 살아남아요. 외국어의 구조물인 문법, 조금 오래 걸리더라도 꼼꼼하게 배워야 합니다.

모든 학습의 시작은 개념 파악 또는 용어의 정의에서부터 시작합니다. 학습은 이러한 정의와 개념에 또 다른 개념을 덧붙이는 과정이죠. 기초적인 개념에 대한 정의와 정리는 모든 학습의 필수입니다. 외국어 문법책을 보면 문법용어가 많이 나옵니다. 조금 어렵더라도 우리 한번 함께 정리 해봐요.

단어의 성격을 품사라고 합니다. 명사, 대명사, 수사, 조사, 동사, 형용사, 관형사, 부사, 감탄사, 접속사를 품사라고 하죠. 그리고 문장을 구성할 때 문장에서 갖는 자격, 즉 문장의 성분을 주어, 서술어, 목적어, 보어, 관형어, 부사어, 독립어라고 해요. 성적을 올리기 위한 공부에서는 '－사로 끝나는 것은 품사, －어로 끝나는 것은 문장 성분'이라고 암기 요령을 알려주지요. 하지만 개념을 이해하고 정리하면 요령은 필요없습니다. 시간이 걸린다 해도 천천히 가세요. 빨리가려다 원점으로 다시 돌아와야 할 수도 있어요.

문장 성분이 그릇이고 거기에 담기는 내용물이 품사에요. 문장 성분을 어떻게 배열하고 무엇을 담느냐가 문법입니다. 각각의 문장 성분이 있을 자리에 있지 않고 문장 성분이라는 그릇에 엉뚱한 내용이 담기면 문장이 성립되지 않아요. 한마디로 말이 안 되는 겁니다.

외국어, 저도 잘하고 싶습니다만

문장을 구성하는 데 가장 기본이 주어, 목적어, 서술어입니다. 주어라는 그릇에 담길 수 있는 품사는 명사 · 대명사이고, 목적어라는 그릇에는 명사 · 대명사가, 그리고 서술어라는 그릇에는 동사를 담을 수 있어요.

영어는 문장 성분이 오직 위치로 결정되기 때문에 반드시 순서대로 말해야 합니다. 우리말은 문장 성분을 조사로 파악할 수 있기 때문에 어순보다는 정확한 조사를 쓰는 것이 중요하죠.

영어 학습을 하다 보면 ㅡ사, ㅡ구 , ㅡ절이라는 개념이 자주 나와요. ㅡ사는 문장의 품사를 말하고, ㅡ구는 단어 두 개가 모인 것을 말하며, ㅡ절은 주어와 서술어로 구성된 하나의 문장을 말해요. 영어에서 매우 자주 사용되는 문법 용어는 형용사구, 형용사절, 부사구, 부사절입니다. 형용사는 꾸밈을 담당하기에 무엇인가를 꾸며 주는데, 두 단어로 되어 있으면 형용사구이고 주어와 서술어가 있으면 형용사 절이 됩니다. 관계대명사 절이 대표적인 형용사 절입니다. 이와 마찬가지로 부사구와 부사절도 많이 사용되지요. 절과 절을 연결할 때는 반드시 접속어가 필요하고, 절을 구로 바꾸어 간단명료하게 말하는 것을 조금 더 세련되고 수준 높은 문장이라고 평가합니다.

10
소리 내어 읽기

외국어는 모국어와 달리 소리 말과 글말을 동시에 배울 수 있어요. 그래서 이 두 가지 중에 자신의 수준과 목표에 맞추어 무엇이 우선순위이고 어디에 시간을 더 많이 투자할지 선택해야 합니다. 기초단계에서는 듣기와 말하기, 읽기와 쓰기에 8:2 또는 7:3의 비율로 시간을 투자하세요. 중급 이상의 단계에서는 듣기와 말하기, 읽기와 쓰기에 5:5의 비율로 시간을 조정하세요. 물론 읽기와 쓰기는 반드시 소리 내어 해야 합니다. 외국어는 입말로 나오지 않으면 소용이 없습니다.

외국어를 어디에서 어떻게 배우든 중요한 것은 학습의지입니다. 많은 사람이 무조건 듣기만 하면 소리가 들리고 말문이 트일 거라 쉽게 생각합니다. 그래서 어학연수가 마치 외국어 학습의 만능 해결사인 것처럼 생각합니다. 하지만 어학연수를 하던 국내에서 외국어 학습을 하던 학습자가 입을 열고 소리내어 말하려는 의지가

외국어, 저도 잘하고 싶습니다만

없다면 아무리 좋은 환경이라도 외국어 실력 향상을 기대할 수 없습니다.

소리 말에 익숙해져 스스로 표현할 수 있는 단계가 되었다면 대부분 문법과 읽기로 넘어갑니다. 처음부터 문법에 연연하지 마시고 반드시 소리 말에 익숙해진 후에 문법을 시작하시기 바랍니다. 문법을 배워가면서 문장 구성 방식을 이해하고 문법의 틀을 세워가며 그때 짧은 문단을 소리내어 읽으세요.

읽기는 눈으로 읽거나 소리 내어 읽는 방법이 있습니다. 소통을 위한 외국어 학습에 무엇이 더 도움이 될까요? 네, 맞습니다. 소리 내어 읽기입니다. 소리 내어 읽으면 읽는 데에만 집중하여 의미파악이 잘 안되기도 합니다. 이는 소리언어에 익숙하지 않기 때문입니다. 이럴수록 더욱 소리 내어 읽어야 되겠지요. 외국어는 언제 어디서나 자신의 실력과 상관없이 소리 내어 학습하는 것이 가장 효율적입니다.

소리 내어 읽으면 소리를 통해 자신의 발음과 억양에도 익숙해질 뿐만 아니라 읽기를 통해 다양한 표현과 거기에 담긴 의미를 확장시킬 수 있습니다. 많이 읽으면 읽을수록 언어감각은 살아나고 학습하는 외국어에 대한 통찰력 즉 디테일에 연연하지 않고 큰 흐름을 보는 눈이 생깁니다. 이는 막연하게 꿈에 그리던 집이 평면 설계

도와 입체 시안으로 나오는 것과 같습니다. 그래서 작은 세부사항 보다는 전반적인 흐름과 맥락의 중요성을 깨닫게 되지요.

　외국어 감각을 키우는 여러 방법이 있습니다. 직접적으로 원어민과 대화하기는 물론이고 혼자서도 드라마 보기, 라디오 듣기, 신문 읽기와 같은 고전적인 소리 학습 방법을 시도해 볼 수 있지요. 입시나 각종 공인 시험에 나오는 독해용 짧은 지문도 좋지만 처음부터 끝까지 이야기가 전개되는 짧은 소설 또는 어린이 영어 동화를 추천해요. 아무것도 모르는 주제를 읽고 분석하기보다는 자신이 기존에 알고 있는 내용에 살을 덧붙여 확장하세요. 사전 지식 또는 배경 지식이 있는 분야의 짧은 글을 찾아 처음부터 끝까지 읽어 보세요. 같은 책을 여러 번 반복해도 좋고 읽었던 책과 비슷한 주제와 레벨의 책을 찾아 읽는 것도 권장합니다. 저는 같은 책을 여러 번 읽었어요. 한 번 끝내고 또 읽으려 하면 조금 지루해질 수 있어서 세 권을 하나의 그룹으로 만들어 1그룹, 2그룹, 3그룹 총 9권의 쉬운 책을 돌아가면서 반복적으로 읽었습니다. 처음 읽을 때 이해가 되지 않았던 문장들이 두 번째 세 번째 읽을 때는 자연스럽게 이해가 되고 모르는 단어의 뜻은 문맥에서 유추할 수 있었습니다. 마지막으로 읽을 때는 사전을 찾아가며 몰랐던 단어를 확인하며 읽었습니다. 이미 두 번이나 읽었기에 세 번째 읽기는 문맥에서 제가 유추한 단어의 뜻을 확인하는 과정이었지요.

책을 읽다가 모르는 단어가 나오면 거기에 걸려 넘어지지 말고 자연스럽게 폴짝 건너뛰어 계속 읽어 나가세요. 모국어로 책을 읽는 습관이 없으면 외국어로는 더욱 힘들 거라 미리 포기하지 마시고 '에라 모르는 거 끝까지 읽기라도 하자' 하고 억지를 부려 보세요. 억지도 하다 보면 습관이 됩니다. 처음은 누구에게나 어색하고 낯설고 힘듭니다. 하지만 계속 하다 보면 자신의 속도를 찾아 문장과 맥락이 만들어 내는 책의 리듬을 편안히 따를 수 있어요. 단, 지나치게 자주 사전을 찾고 싶은 마음이 든다면 책의 수준이 너무 높은 겁니다. 가급적이면 쉬운 책부터 도전하세요. 쉬운 책을 읽으면 문장구조와 문맥의 흐름에 집중하게 됩니다. 어려운 책에 도전하면 반나절 내내 단어 뜻만 찾다가 포기할 수도 있어요.

많은 사람들은 언어 감각도 타고나야 한다고 말하지만 저는 동의하지 않아요. 저는 글쓰기도 말하기도 잘 못하는 학생이었습니다. 어학 계열로 전공을 절대 택하지 않겠노라고 고등학교 친구들에게 선언(?)하기도 했지요. 하지만 지금 저는 말과 글을 업으로 삼고 있어요. 감각은 타고나는 게 아니라 만들어지는 것입니다. 물론 타고난 사람도 있지만, 타고났다고 해도 내재된 감각은 밖으로 꺼내져야만 발현됩니다. 언어감각과 능력은 누구에게나 있습니다. 언어를 잘하고 못하는 출발선의 차이는 애당초 없습니다.

언어 감각은 단순히 단어를 많이 알고 단어 간 배열을 정확히 한다고 해서 생기는 것은 아닙니다. 단어가 가진 표면적인 뜻과 비슷한 단어 간의 뉘앙스 차이, 그리고 단어들이 모여 만들어진 문장을 상황과 맥락에 맞추어 의도를 파악하고 해석하는 감각입니다. 언어 감각이 있는 사람은 '아'와 '어'가 얼마나 다른지 깨달은 사람입니다. 이들은 이 단어를 쓸 때와 저 단어를 쓸 때에 전달되는 뉘앙스가 말해지는 시점과 상황에 따라 어떻게 달라지는지 알기에 알맞는 단어와 표현을 선택하는데 자신감이 있지요.

언어 감각이 있는 사람은 외국어에 대한 심리적 장벽이 매우 낮아요. 언어가 가진 공통의 감각을 통으로 느끼고 이해하기 때문이죠. 언어 감각은 모국어를 통해서 얻어집니다. 모국어를 잘 못하는데 외국어를 잘하는 경우는 매우 드뭅니다. 모국어를 통한 언어 감각이 외국어 실력 향상과 통찰력을 키우는 데 매우 중요한 요소예요. 모국어를 등한시하면서 외국어 학습을 열심히 하는 것은 가느다란 기둥에 무거운 천장을 올리는 것과 마찬가지입니다.

외국어 학습을 위한 읽기 도서 추천 문의가 들어오면 저는 언제나 외국어 그림 동화책이나 초등학생용 문고판을 추천합니다. 우선 어린이 용이라 문장이 단순하고 그림으로 모르는 단어를 유추할 수 있어요. 더욱 추천할 만한 책은 어렸을 때 읽었거나 알고 있는 내용의 동화책입니다. 배경지식이 있기에 내용 파악에 에너

60 외국어, 저도 잘하고 싶습니다만

지를 쏟는 대신 단어와 문장 구조 그리고 문단의 흐름 즉 언어적인 면에 더 많이 초점을 맞출 수 있습니다. 한 달에 어려운 책 한 권 겨우 읽는 것 보다 쉬운 책을 여러 번 읽는 것이 외국어 실력 향상에 더 많은 도움이 됩니다. 우리도 말을 배우기 시작했을 때 동화책으로 배웠잖아요. 어린이의 마음으로 편안하게 쉬운 어린이 동화책으로 소리 내어 읽기를 시작해 보세요.

11
흐르는 강물처럼

얼마 전 결혼정보회사에 다니는 친구를 만났습니다. 커플 매니저로 일하면서 정작 본인은 여전히 싱글로 사람 만날 시간이 없다고 푸념하더군요. 그러면서 관계와 만남에 대한 이런저런 이야기를 주고받았어요. 저는 남녀 간의 만남에 있어 우연과 운명을 조금은 믿기에 그가 하는 일에 솔직히 관심은 없었어요. 우리는 계속해서 이런 저런 일상과 일을 섞어가면서 이야기를 계속 했어요. 그리고 그는 헤어지는 자리에서 이렇게 말하더군요.

"아무리 예쁘고 잘 생기고 조건이 좋아도 말이 안통하면 오래 못 가더라. 이리저리 매칭을 해 봐도 서로 말 통하고 편하게 맘을 주고받는 커플들이 성사 확률이 높아. 평생 같이 살 사람을 찾는데 말이 통해야지, 안 그래?"

저는 혼자 작업하는 시간이 많지만, 새옹지마 인생사가 저 혼자만의 일이 아니라는 것을 어렴풋이나마 알기에 어떤 일을 추진할

외국어, 저도 잘하고 싶습니다만

때 일에 대한 성패를 기대하기보다는 '좋은 사람 만나기', '편한 사람이 되어주기', '인연을 소중하게 대하기', '그들과 즐겁게 일하기'를 소망하지요. 좋아하고 편안한 상대만 만나고 살면 참으로 좋겠지만 원하는 대로 돌아가지 않는 것이 또한 삶이기에 희망만큼은 맘껏 합니다.

인간관계는 주고받는 물질과 이득으로만 공식이 성립하지 않지요. 오고가는 말과 생각과 마음에 따라 관계의 모습이 나옵니다. 결국 소통의 방식이 관계의 모습을 결정하지요. 소통의 방식은 어떤 단어를 선택하여 어떤 말투와 어감으로 상대를 대하는지에 따라 달라지겠죠. 제가 사용하는 일상의 언어는 상대를 기쁘게도 힘들게도 할 수 있습니다. '말 한마디로 천 냥 빚을 갚을 수 있다'는 우리 속담과 유사한 표현은 영어문화권에도 있습니다. 'A soft answer turns away wrath. 부드러운 대답은 분노를 몰아낸다.' 상대의 마음을 헤아려 소통의 방식을 선택하는 것이 결국에는 모두에게 좋습니다. 상대의 마음을 모르거나 알고도 무시하면 나의 생각을 일방적으로 쏟아내는 것으로 끝나게 되죠. 그 순간 자신은 마음을 다 털어 놓았다고 생각하지만 이 모든 것을 상대가 받아 주는지 아닌지는 상대의 몫입니다. 내가 아무리 말을 잘한다고 생각해도 그 평가는 듣는 사람이 하는 거죠. 상대가 듣기 좋은 말만 하는 것이 능사가 아니지만 자신의 의견과 생각을 전달하되 상대가 알아듣는 방식으로 단어를 선택해야 합니다.

어렸을 때 엄마에게 말하고 싶은 마음에 쪼르륵 달려가 말을 쏟아내면 엄마는 "숨 좀 돌리고 생각부터 하고 말해."라고 하셨죠. 정리되지 않은 생각이 기승전결 없이 또는 밑도 끝도 없이 이 말 저 말로 나와 버리면 상대는 듣다가 귀를 막고 판단해 버리겠죠. '도대체 무슨 말을 하고 싶은 거야?'

우리가 주변과 소통을 할 때 단순한 일상의 이야기뿐 아니라 하나의 이슈를 이야기하며 논할 때도 있어요. 그때 자신의 의견을 자연스럽게 잘 표현하는 사람이 있습니다. 그런 사람들의 말은 애쓰지 않아도 귀에 잘 들어옵니다. 말을 잘하기 위해서 가장 우선은 생각을 정리하는 것입니다. 입력이 있어야 출력이 있듯 자신의 의견과 생각을 잘 표현하는 사람들은 많이 듣고 읽은 사람들일 것입니다. 그들이 사용하는 어휘가 지나치게 현학적이고 어려우면 설득이 잘 되지 않아요. 하지만 쉬운 단어를 사용하면서도 편안하게 자신의 의견을 전달하는 사람도 있습니다.

모국어든 외국어든 말을 잘하는 사람은 쉬운 단어를 사용해 쉽게 설명을 합니다. 외국어 학습을 하다 보면 우리는 수없이 많은 단어를 배우지만 정작 우리가 사용하는 단어는 2천여 개 미만입니다. 2천여 개 미만의 단어로 어떻게 모든 걸 다 설명할 수 있나 의심할 수도 있어요. 2천여 개 이상의 단어를 사용하는 사람들은 학계나 전문직에 종사하거나 그와 연관된 일을 하는 사람들이에요. 이 숫자는 원어민을 대상으로 조사한 결과이니 외국어를 배우는 우리에게는 약 2천여 단어만 알아도 충분히 소통 가능하다는 뜻이오. 사실상 우리가 사용하는 우리말도 살펴보면 그렇게 어려운 단어가 없어요. 외국어 학습을 할 때는 우리말의 뜻조차도 와 닿지 않는 어려운 외국어 어휘를 반복적으로 외우기도 하죠. 물론 배워서 나쁠 건 없습니다만 그렇게 어려운 단어를 실제로 입말로 사용할 기회가 얼마나 될까요? 어려운 단어 3~4천 개를 아는 것보다 쉬운 단어 2천 개를 말 할 수 있는 것이 외국어 소통의 답입니다. 입으로 나오지 않으면 머리로 알고 있는 것은 소용없습니다. 외국어는 입으로 나와 사용할 때 외국어가 됩니다.

외국어를 강물 흐르듯이 유창하게 말하고 싶은 것은 외국어 학습자 모두의 희망입니다. 유창하게 말하고 싶으면 쉬운 단어로 간단하게 말하세요. 그러나 무엇보다도 우선 해야 할 것이 있습니다. 바로 생각정리입니다. 우리의 기초 생각은 모국어로 이루어집니다. 모국어로 생각을 정리하고 그 생각을 논리적으로 말할 수 있어야 외국어도 유창하게 할 수 있어요. 이후에 자신이 배우는 외국어가 어느 정도 수준에 이르면 그때 그 나라와 문화의 방식으로 생각할 수 있고 이해할 수 있어요.

생각의 힘은 보이지 않지만 매우 든든하게 삶을 지탱합니다. 자신의 의도와 생각을 정리하여 머리 밖으로 꺼내는 작업이 결국 소통의 과정입니다. 외국어 유창성의 비밀은 쉬운 단어와 정리된 간결한 생각입니다. 같이 해봐요!

　옷장에서 입으려 했던 옷을 찾지 못할 때 어떻게 하시나요? 여기저기 다 뒤져도 나오지 않으면 급하게 다른 옷을 입고 나가죠. 그리고 결심합니다. '주말에는 옷장 정리를 해야겠어.' 생각도 마찬가지입니다. 마음과 생각이 복잡해서 원하는 선택을 이루지 못할 때 생각을 정리할 시간을 만들어 보세요. 아주 짧은 시간이라도 괜찮습니다. 종이와 연필을 들고 떠오르는 생각과 감정을 있는 대로 손으로 직접 적어보세요. 어떤 무엇이든지 좋습니다. 안에 있는 모든 것을 다 꺼내야 정리가 가능하니까요. 그렇게 적은 생각들을 다시 읽어보세요. 과연 어떤 생각이 나를 괴롭히는지 어떤 마음이 나를 즐겁게 하는지 그리고 이런 고민이 과연 내일, 한 달 후에, 1년 후에 어떤 의미로 다가올지……. 선택과 해답은 여러분 안에 이미 있습니다. 단지 정리가 되지 않았을 뿐이죠. 단문으로 짧고 간단하게 쓰면서 시작해 보세요. 머리와 가슴속의 생각이 말과 글로 구체화 되는 순간 해답과 해결의 실마리가 보입니다.

12
거울 뉴런

우리의 삶에는 불확실성의 변수가 존재합니다. 나의 결정과 판단은 어느 정도 통제할 수 있다고 해도 상대의 결정과 판단은 예측이 불가능한 변수입니다. 나와 마찬가지로 상대도 자신에게 가장 효율적인 선택을 할 테니까요. 혼자서 모든 것을 자급자족하는 무인도의 생활이 아닌 이상 어느 누구도 완전히 독립적이고 개별적으로 살아가지 못해요. 우리 모두는 서로 의존하며 살아갑니다. 그래서 상대의 생각을 알고 감정을 이해하는 공감 능력은 나를 위해서도 상대를 위해서도 매우 중요하죠.

수많은 철학가와 종교 지도자들이 함께 살아가는 해법으로 동물적인 본능과 이기심이 아닌 윤리와 도덕, 사랑과 믿음, 배려와 존중을 설파합니다. 두뇌 과학자들은 이러한 도덕 윤리에 대해 과학적인 접근을 시도했죠. 특히 합리적이면서도 동시에 비합리적인 이타심과 배려에 관심을 갖고 두뇌 세포와 신경을 연구하기 시작했습니다.

어느 날, 이탈리아 신경 심리학자 지아코모 리쫄라티Giacomo Riz-zolatti는 자신의 연구팀원들과 원숭이가 여러 가지 행동을 할 때 어느 부위의 어떤 뉴런이 자극되어 활성화되는지 관찰하고 있었어요. 그런데 원숭이 한 마리가 다른 원숭이의 행동을 보는 것만으로도 마치 자신이 움직이는 것처럼 뉴런이 반응했답니다. 상대의 행동을 보기만 해도 뇌가 마치 직접 겪는 것처럼 동일하게 반응을 한다는 것이었죠. 이 뉴런에 거울 뉴런mirror neuron 이라는 이름이 붙여지고 여기에 대한 연구는 지금도 활발히 진행되고 있습니다.

거울 뉴런은 인간을 동물과 구별하게 만든 결정적인 요소입니다. 인간의 뇌에서 거울 뉴런이 작동하면서 인간은 타인의 말과 행동을 거울에 비추어 보듯 따라하기 시작했습니다. 인간의 학습능력이 비약적으로 발전하기 시작하죠. 이러한 능력 덕분에 동물처럼 본능에만 의존하는 반복된 삶이 아닌 변화와 발전을 거듭하는 인간사회를 만들 수 있었습니다.

거울 뉴런은 모방과 공감의 뉴런입니다. 거울 뉴런을 통해 우리는 상대의 행동을 관찰하고 이해할 수 있어요. 이를 바탕으로 발전과 변화, 그리고 퇴보가 만들어 지죠. 인간만이 가진 모방, 재구성, 재조합, 창조의 능력이 거울 뉴런으로 설명됩니다. 타인의 감정을

외국어, 저도 잘하고 싶습니다만

느낄 수 있는 공감력은 사회 윤리와 도덕의 기초가 되고, 상대의 모습을 따라하는 모방력은 문화와 예술의 기초가 됩니다.

함께 기뻐하고 어려운 상황에 빠진 사람들을 도우려는 행동은 거울뉴런 덕분입니다. 거울 뉴런이 충분하게 발달하지 않거나 그 역할을 다하지 못할 때 모방 능력이 떨어져 학습 장애가 일어나기도 해요. 공감 능력이 떨어지면 주변 환경과 소통하는 데 많은 어려움을 겪습니다.

원숭이도 감정이 있고 모방 학습도 할 수 있습니다. 하지만 원숭이의 거울 뉴런은 상대 원숭이를 보고 있는 그대로를 따라 할 뿐 상대에 대한 공감이 거의 없습니다. 상대가 취하는 행동을 관찰하고 따라 할 수는 있지만 상대가 왜 이런 행동을 하는지에 대한 이해가 없습니다. 하지만 인간의 거울 뉴런은 상대의 말과 행동에 대해서 '왜, 무엇을, 어떻게,' 하는지에 대한 이해를 바탕으로 합니다. 그래서 타인의 마음을 헤아릴 수 있어요. 우리는 단지 타인을 바라보기만 해도 상대를 많이 이해할 수 있어요. 상대의 표정을 잘 따라 할 수 있는 사람이 공감력이 높다는 연구 결과도 있습니다.

상대의 마음을 알고 이해하는 것이 확장되면 상대가 처해 있는 상황뿐 아니라 개인적인 배경이 되는 사회 문화와 국가 문화까지도 이해할 수 있습니다. 외국어를 즐겁게 배우고 싶다면 외국어에 담긴 문화를 관찰하세요. 보여지는 있는 그대로 이해하고 공감하다 보면 외국어 자체에 대한 두려움과 심리적 장벽이 낮아집니다. 모든 걸림돌은 공감과 소통의 부족 때문이에요. 외국어도 살아 있는 유기체와 같아요. 외국어는 나와 친해지기 원해요. 내가 외국어에 대한 편견과 선입견을 갖고 있기 때문에 외국어와 친해지지 못하는 것이죠. 외국어를 단순히 언어 기호와 단어들의 배합이라고 생각하기보다는 감정과 감성이 담긴 문화코드로 바라보세요. 외국어에 대한 두려움이 조금씩 호기심으로 변할 것입니다.

삶은 선택의 연속입니다. 선택의 기준을 어디에 두느냐에 따라 선택의 내용과 질과 방향 모든 것이 좌우됩니다. 자신이 좋아하는 선택만을 할수 있으면 좋지만, 인간은 사회적 동물이기 때문에 자신이 받은 교육과 사회적 가치에 따라 선택을 합니다. 그리고 이러한 선택의 기준이 되는 집단을 준거집단이라고 합니다. 삶의 신념·태도·가치·행동방향을 결정하는데 기준이 되는 집단이죠. 우리 선조들은 경험적으로 준거집단의 중요성과 거울 뉴런의 존재를 알고 있었습니다. '친구 따라 강남 간다', '유유상종', 'Birds of the same feather flock together,' 비슷한 선택을 하다보면 서로 닮고 비슷해지겠죠. 부부는 서로 닮는다는 말도 아마 거울 뉴런을 보여주는 표현이겠죠.

Ⅱ

영어와
한국어로
보는 문화

언어와 생각은 서로가 밀접하게 영향을 주고받으며 상호 작용합니다. 같은 언어를 사용하는 사람들은 공통의 사고방식과 문화를 만들고 그 사고방식과 문화가 다시 언어에 나타납니다. 언어의 차이는 생각의 차이이며, 생각의 차이는 세상을 바라보는 인식의 차이입니다. 같은 말을 사용하는 사람들 사이에도 어떤 에너지와 생각을 말에 담는지에 따라 각자의 삶의 모습이 다르게 나타납니다. 상대가 사용하는 말을 잘 들으면 상대의 생각을 이해하고 마음을 헤아릴 수 있습니다. 또한, 상대의 언어와 내가 사용하는 언어의 차이를 이해하면 의사소통에서 발생하는 틈과 오해를 줄여나갈 수도 있지요.

영어와 한국어의 차이는 크게 동양과 서양의 인식 차이로 나타납니다. 이는 곧 눈에 보이고 귀에 들리는 언어 자체의 차이, 무엇보다도 그 언어에 담긴 세계관의 차이입니다. 대표적인 외국어 영어와 우리 한국어를 나란히 바라보면 조금이나마 언어에 담긴 사고방식의 차이를 볼 수 있습니다.

앵글로색슨족의 언어였던 영어는 처음에는 게르만어적인 색채가 농후했지만, 로마제국이 약 400여 년간 영국을 지배하고 이후 프랑스가 300여 년간 영국을 통치하면서 라틴어와 프랑스어의 유입이 대거 일어납니다. 영국에서 프랑스어가 공용어였던 시대가 지나고 14세기경부터 영어가 다시 국어의 지위를 회복하였고, 셰익스피어의 등장으로 오늘날의 영어 체계가 세워졌습니다. 이처럼 영어는 게르만어 적인 요소와 라틴어, 그리고 프랑스어가 혼합된 성격을 띠고 있습니다. 여러 역사적인 사건을 겪으며 다양한 언어가 유입되고 이러한 변화를 수용하고 동화하면서 영어의 표현력은 더욱 다양해지고, 복잡했던 문법은 단순하게 변했습니다.

언어 사용자의 증가는 국가 경제력과 문화의 힘에 비례합니다. 중세에는 종교의 힘을 등에 업은 라틴어가 전 유럽에 통용되었습니다. 이후 유럽 각 나라의 모국어가 정립되고 해양 기술이 발달하면서 식민지 개척 정책과 맞물려 스페인어, 포르투갈어, 네덜란드어, 프랑스어, 그리고 영어의 사용 범위가 세계로 넓어집니다. 이후 이 언어 중에 영어가 지배적인 공영어로 자리 잡게 되지요. 우선 해가 지지 않는다는 영국의 식민지가 독립 이후에도 영어를 공영어로 사용했습니다. 또한, 세계 2차 대전 이후 미국의 경제력과 세계적인 역할, CNN과 같은 세계적인 미디어 네트워크와 1980년대 이후 인터넷의 보급 때문이지요. 영어는 UN과 여러 국제기구의 공식어일 뿐 아니라 자타공인 전 세계의 공용어입니다.

01
끝이 있다 & 돌고 돈다

종이에 펜으로 직선을 그어 보세요. 직선에는 시작점과 끝점만 있습니다. 돌아가는 것은 불가능하고 가던 방향으로 계속 가야 직선이 만들어 집니다. 이번에는 동그라미를 그려 보세요. 오른쪽 방향으로 가든 왼쪽 방향으로 가든 시작점과 끝점이 하나가 됩니다. 그렇게 완성된 동그라미에는 시작도 끝도 없습니다. 직선과 동그라미는 서양과 동양의 사고방식을 이야기할 때 자주 언급됩니다.

직선적 사고관에는 인과 관계를 명확히 분석하고 알 수 있습니다. 인과 관계를 따지다 보면 거기에 따른 원인과 결과, 즉 잘됨과 잘못됨을 알 수 있어요. 그래서 지금의 결과에 대한 책임을 명확하게 알 수 있습니다. 잘잘못의 판단 기준을 인과관계, 즉 논리와 이성으로 삼아요. 인간이 가진 이성이 판단의 가장 큰 중심이 됩니다. 이성과 합리를 바탕으로 노력하면 오늘보다 더 나은 내일을 만들 수 있다는 진보적인 세계관으로 매우 미래 지향적입니다.

직선에서 가장 앞에 놓인 시작점과 가장 끝에 놓인 끝점은 만날 수 없습니다. 이 양극은 서로 대적하고 있어요. 선과 악, 빛과 어둠, 천국과 지옥, 시작과 끝, 전쟁과 평화, 순수와 타락, 자유와 구속 같은 이분법적 대칭 언어들은 결코 하나가 되지 못합니다. 동양에서는 음과 양의 조화를 매우 중요하게 생각하는 반면, 서양의 직선적 사고관은 끝으로 귀결하기 때문에 이 대칭들은 끊임없이 힘겨루기하며 갈등합니다. 서양에서 협의와 타협의 기술이 발달한 이유는 이러한 사고방식 때문이기도 하죠.

우리의 사고관이 서양의 사고방식을 많이 수용하여 변형되었다고 해도 기본적인 사고관은 여전히 원형적 사고관입니다. 우리는 인생이 돌고 돈다고 말하지요. 하나의 원이 완성되고 나면 어디가 시작점이고 어디가 끝점인지 알 수 없습니다. 동그라미도 수많은 점으로 이루어져 있습니다. 어떤 일에 대한 이유를 묻고자 직선의 사고관처럼 앞으로 나가다 보면 결국 지금의 점으로 돌아옵니다. 명확한 이유도 없고 인과 관계에 대한 책임 소재도 불분명합니다. 결국 모든 것은 나의 생각에서 오는 것이기에 어디에도 얽매이지 않는 해탈이 삶의 철학으로 많이 스며들어 있습니다. 모든 것이 연결되어 있기에 타인에 대한 공감과 이해 그리고 공동체를 중시합니다. 그러다 보니 개별적인 노력과 경쟁 속의 발전보다는 사람과 사람, 인간과 자연의 관계를 매우 중요시합니다. 나보다는 내가 속한 공동체와 그들 속의 나를 생각하죠.

우리는 합리와 이성에 입각한 원인 분석보다는 다각적인 접근을 선호합니다. 이러하기도 하고 저러하기도 하고 어느 한쪽으로 치우치기보다는 이 모든 것을 종합적으로 생각하고 이해하려 하죠. 이러한 통찰력을 서양에서 새로운 가치로 높이 평가하기 시작했습니다. 혼자 사는 세상이 아닌 다 함께 나누는 공존의 가치 또한 서양의 시각으로 분석하고 이해하려 합니다. 서양의 분석적인 사고방식은 교육 분야에서도 잘 나타납니다. 서양에서는 개별적인 질문을 하고 답을 구하는 데 비해 우리는 좀 더 종합적으로 크게 바라보는 경향이 있죠.

직선적 사고방식에서는 시간의 시작과 끝이 있습니다. 시간은 앞만 보고 달려갑니다. 시간에 의해 모든 것이 변하고 성장하고 퇴보합니다. 따라서 현재를 접근할 때 과거를 돌아보면서 오늘의 결과는 어제에 원인을 두고 있다고 생각합니다. 하지만 원형적 사고방식에서는 시간은 돌고 도는 개념이기 때문에 오늘은 수많은 시간들이 결합된 하나의 상태로 봅니다. 불교에서는 이를 연기론이라고 합니다. 이는 불변적·고정적 실체라고 말할 수 있는 것은 하나도 없다는 공空 사상을 뒷받침하고 있습니다. 따라서 결론이라고 내릴 것이 하나도 없지요. 직선적 사고방식을 가진 사람과 원형적 사고방식을 가진 사람은 가치관과 문제 접근과 해결방식이 다를 수 밖에 없습니다.

외국어, 저도 잘하고 싶습니다만

02
나부터 & 우리 모두 다함께

제가 글을 시작할 때나 제 의견을 펼칠때 가장 많이 사용하는 주어는 '우리'입니다. 이에 비해 영문에서는 '나'의 사용 빈도가 높습니다. 우리와 나의 차이는 언어와 행동에서도 많이 나타납니다.

우리말에서 중심은 '우리'입니다. 학창 시절에 '우리'라는 말을 사용하지 말자는 영어 선생님이 계셨습니다. "우리 엄마는 나의 엄마지 너의 엄마가 아니고, 우리 집은 나의 집이지 너의 집 아니지 않느냐"라면서 말이죠.

언어 대 언어로만 보면 my house를 나의 집이 아닌 우리 집으로 풀이한 것은 옳지 않죠. 이렇게 있는 그대로 옮기는 직역이 과연 옳을까요? '1+1=2'라는 명확한 사고방식으로는 이해가 되지만, 언어에 담긴 사고방식을 무시하는 1:1 대응의 직역은 오역이나 마찬가지입니다. 만약에 우리말로 내 집이라고 한다면 혼자 사는 사람이

거나 다른 사람의 집에 상대되는 말이겠죠. "지금 어디야?" 하고 물었을 때 "응, 엄마 집에서 지금 내 집으로 가고 있어."라는 식으로 말이죠. 하지만 이 대화도 어딘가 어색하게 들립니다.

개인주의가 아무리 발달하고 1인 가정이 늘어나도 우리 사회는 여전히 관계를 매우 중시합니다. 나라는 개인보다는 내가 속해 있는 집단이 무의식적으로 우선시됩니다. 혈연·학연·지연 등 내가 어디에 속해 있느냐에 따라 어깨에 힘이 들어가거나 빠지거나 하죠. 개인의 개성보다는 소속감을 더 중시합니다. 그래서 소속된 집단에서 제외되는 것은 스트레스로 작용합니다. 같이 어울리지 못하는 것이 커다란 성격적 결함처럼 여겨지는 이유도 같은 배경이죠. 과거에 있던 유배 문화도 이를 잘 보여 줍니다. 소속된 집단에서 방출되어 먼 곳으로 추방되는 형벌은 중벌 중의 하나였습니다. 유배지에서 혼자서 자유롭게 뭐든 할 수 있지만, 함께 있던 집단과는 연락도 할 수 없고 외딴 곳에서 홀로 시간을 견뎌야 합니다. 이와 반대로 개인의 자유와 선택을 중시하는 서양 권에서는 개인의 자유를 박탈하고 한정된 공간에서 하고 싶은 것을 못하게 하는 것을 형벌이라고 여깁니다. 이러한 사고방식의 차이는 또한 한방과 양방의 치료 방식에서도 드러납니다. 한방의 경우에는 허리가 아프다고 하면 허리만 치료하는 것이 아니라 머리에서 발끝까지 허리와 연관된 혈 자리에 침을 놓지요. 신체기관의 전체적인 균형이 틀어졌기 때문에 몸이 아프다고 판단하지요. 하지만 양방에서는 허리가 아프다고 하면 허리 자체에서 통증의 원인을 찾고 진단하여 치료합니다.

우리는 누군가를 알고 싶으면 그 사람의 마음과 심리상태에 대해 알려고 하기 보다는 그 사람과 다른 사람의 관계를 보고 그 사람을 알아가려 하죠. 영화 〈친구〉의 한 대사를 보면, 학교 선생님이 문제아를 체벌하면서 묻죠. "니 뭐꼬? 느그 아버지 뭐하시노?" 서양인이 이 장면을 보면 아마 이렇게 되물을 거예요. '저 학생이 문제아인 것과 아버지 직업이 무슨 관계지?'

개인의 개체성과 개성을 중시하는 서양어권에서는 제가 뉘 집 딸인지 어디 출신인지는 우선이 아닙니다. 기초 회화 책에서 자주 등장하는 대화중에는 내가 어디에서 누구를 만났는데 그 친구가 이러쿵저러쿵 하는 대화가 있습니다. 그 때 둘 사이에 오가는 제3자에 대한 대화에서는 그의 배경을 묻지도 언급하지도 않습니다. 대부분의 질문은 "How does he look like?, What is his hair color?, Is he tall?"등 개인적인 외모와 특징에 대해서 물어보죠. 모든 것이 개인 중심입니다. 그러한 개인들이 모여 사회를 이루면 협력과 갈등이 자연스레 발생하고 이때 이성과 합리에 근거하여 논리적으로 토론해서 서로의 이해관계를 조절합니다. 토론과 논쟁에서 자신의 설명과 주장을 누가 더 논리적으로 설득하느냐가 중요한 관건입니다. 서양에서 합리와 논리에 근거한 토론 문화가 발달한 이유죠.

우리가 영어에 자신 없어 하는 이유를 우리의 사고방식에서도 찾을 수 있어요. 우리는 집단 속에서 개인을 드러내는 것에 매우 소극적입니다. 자기만의 의견을 발표하고 거기에 대한 찬반에 대해 토의하는데 여전히 어려워합니다. 우리는 전체적인 분위기에 따라 자신의 의견을 조율하면서 '대세에 따른다.' '말을 꺼낼 분위기가 아니다.'라는 말을 자주 합니다. 안타깝게도 비싼 원어민 회화시간을 참석해서도 듣기만 하고 돌아오는 경우가 대부분이죠. 말 한마디 하지 않고 겸손한 침묵만을 유지합니다. 또한 '틀릴까봐, 발음이 이상할까봐, 창피해서' 하면서 주변의 눈치를 보기도 하죠. 체면 때문에 실속을 차리지 못하는 경우가 종종 있지요.

"Me first!"는 유치원이나 초등학교 때 영어권 아이들이 자주 하는 말입니다. 선생님이 질문하고 학생들이 답을 할 때 손가락을 하늘 위로 올리면서 "저요, 저부터요"라고 합니다. 자신의 의견을 어렸을 때부터 자신 있게 말하는 법을 교육받죠. 이들의 언어는 명확하고 합리적입니다. 상대를 설득해서 상대가 알아듣도록 생각을 조리 있게 정리하고 말을 합니다. 지나치게 주관적이거나 감성에 호소하기보다는 객관적이고 과학적인 사실에 근거한 이야기를 좋아하지요. 반대로 우리는 우리가 중심이며, 우리가 함께 느끼는 생각과 감정을 중시해서 매우 감성적인 표현이 많습니다. 공감에 기반을 둔 관계 중심 문화이기 때문에 타인과 다른 생각이나 자신의 감정을 표현하는 데 상대적으로 서툴기도 하죠.

외국어, 저도 잘하고 싶습니다만

영어는 개인이 시작점입니다. 따라서 나의 유일무이한 것을 먼저 말하고, 공동의 속성을 나중에 말합니다. 우리는 가족의 성이 먼저이지만 영어는 이름이 먼저고, 성이 나중에 오죠. 이렇게 영어는 말하고자 하는 내용에서 가장 개별적이고, 고유한 특징이 먼저 나옵니다. 주소의 경우에도 나만 소유하는 것이 가장 먼저이기 때문에 집의 호수를 맨 앞에 적습니다. 이후 거리 이름, 지역, 도시, 나라를 적죠. 우리는 반대입니다. 우리말로는 받는 사람을 가장 나중에 적죠.

Hyeyoung YANG, 37 Sunny road, Sunny-Gu, Seoul, Korea
서울시 태양구 태양길 37번지 양혜영

영어는 핵심이 가장 먼저 나오고, 우리말은 가장 나중에 핵심이 나옵니다. 우리말은 끝까지 들어봐야 안다고 하는 것도 이런 까닭이지요. 이렇게 말하는 순서를 보면 언어를 사용하는 문화에서 무엇이 가장 중요한지에 대한 가치 판단을 보여 주기도 합니다.

03
순서대로 & 꼬리표대로

영어가 어렵다고 여겨지는 이유 중의 하나는 어순에 있습니다. 어순은 한 문장 안에서 단어를 배열하는 순서를 말합니다. 이것이 곧 문법이지요. 우리말은 가장 먼저 주어가 나오고 그 다음에 목적어와 기타 문장성분이 나오고 마지막에 동사가 나옵니다. 영어는 가장 먼저 주어가 나오고 두 번째에는 동사, 그리고 그 뒤에는 목적어와 같은 나머지 문장 성분이 나옵니다.

우리말은 어순에 크게 제약받지 않지만, 영어는 어순이 바뀌면 문장의 뜻이 완전히 달라질 뿐 아니라 말이 안 되는 경우도 많죠. 그렇다면 영어는 왜 그리 어순이 중요할까요? 우선 우리말을 생각해 봐요. 우리가 말을 할 때 어순을 잘 지키나요? 어순을 지키지 않는다고 알아듣지 못하나요? 그렇지 않죠. 우리말은 어순이 영어만큼 중요하지 않아요. 순서를 지키지 않아도 되는 보조 장치가 있기 때문이죠. 바로 조사입니다. 단어 뒤에 조사가 첨가되어 문장 성분을 결정해요. 그래서 우리말을 첨가어 또는 교착어라고 하지요. 우리말은 단어 뒤에 오는 조사로 문장 성분 즉, 문장 속 역할이 결정됩니다. 영어는 이와 달리 자리에 따리 문장 성분이 결정됩니다. 각각의 단어가 어느 자리에 있느냐에 따라 문장 성분이 결정되지요.

1. I learn English. ( )　나는 영어를 배운다. ( )
2. English learn I. ( )　영어를 배워 내가　( )
3. Learn I English. ( )　배운다 내가 영어를 ( )
4. English I learn. ( )　영어를 내가 배운다. ( )

영어 2, 3, 4번은 문법적으로 비문이고 이 통하지도 않습니다. 우리말 2, 3, 4번은 문법적으로 비문이라고도 하지만 말이 통할 뿐 아니라 실생활에서 많이 사용됩니다. 글말과 입말의 차이를 고려한다 해도 말이 통합니다. 예문에서 우리말의 조사가 어떤 역할을 하는지 알 수 있습니다. 조사는 마치 꼬리표처럼 단어 끝에 매달려 각각의 단어가 주어인지 목적어인지 알려줍니다. 반대로 영어는 꿈쩍없이 자리를 꼭 지켜야 합니다. 바로 자리가 역할을 만들기 때문입니다. 그 자리에서 벗어나면 문장 성분이 달라집니다.

우리말은 동사가 가장 나중에 나오기 때문에 문장 시작인 주어와 동사 사이에 어떤 순서로 말을 해도 대부분 말이 통합니다. 하지만 영어는 반드시 1순위가 주어, 2순위가 동사입니다. 이 두 가지는 몇 몇 예외를 제외하고는 반드시 지켜야 하죠. 또한 우리는 주어를 생략하는 경우도 있지만 영어의 평서문에서는 절대적으로 주어가 가장 먼저 나와야 합니다. 주어를 생략할 수는 없습니다.

우리말은 주어와 조사를 생략하고 어순을 바꾸어도 말이 통합니다. "강민이 먹었지 밥?"(강민이가 밥을 먹었지?), "편의점 다녀왔니 희수?"(희수야 편의점에 다녀왔니?), "책 강현아 어디다 뒀니?"(강현아 책을 어디다 두었니?)처럼 말이죠.

우리말은 틀에 한정되지 않고 매우 자유롭습니다. 조사만 정확하게 붙이면 어디에 자리하든지 뜻이 통하죠. 우리말은 내용 중심으로 이루어집니다. 주어와 서술어가 서로 통하도록 어울려야 하고 목적어와 서술어가 호응되어야 하죠. 반면에 영어는 명령법을 제외하고 평서문에서 주어 생략은 불가능하며 문장 성분끼리 자리를 이동하면 말이 되지 않아요. 우리말의 구조는 유연하고 자유로운 반면 영어의 구조는 정해져 있습니다. 그 틀과 순서를 지켜야 하지요. 우리에게 영어의 어순이 어렵지만 우리말을 배우는 영어권 사람들은 우리말이 어렵겠지요. 영어는 구조가 정해져서 정해진 대로 따라하면 되지만 한국어는 이래도 저래도 말이 통해서 그 다양한 변형을 이해하고 배워야 합니다.

우리말은 주어에 따라 동사의 형태가 변하지 않아요. 하지만 영어는 주어가 '나와 너'가 아닌 제3자 단수일 때는 동사의 모양이 변합니다. 이를 동사의 굴절이라고 해요. 다른 서양 어에 비해 동사의 굴절이 단순한 편이지만 우리말에는 전혀 없는 문법적 요소라서 의외로 많이 어려워합니다. 반면 외국인들이 우리말을 배울 때 어려워하는 것은 동사의 어미입니다. 우리는 동사 자체가 변하지 않고 명사에 조사를 첨가하듯 동사에 어미를 첨가하여 뉘앙스를 살리죠. 반말, 존댓말, 극존칭, 권유, 명령 등을 동사의 어미로 표현합니다. 영어에서는 이 역할을 조동사가 맡습니다. 조동사, 즉 동사를 보조하는 동사입니다. 우리말에는 없는 문장성분이지요.

동사 '하다'를 예로 들어 보면 '해, 해줘, 해라, 하세요, 하십시오, 하게나, 하시기 바랍니다, 했으면 합니다'와 같이 무수한 어미로 말의 어감과 분위기를 만들어 냅니다. 영어는 'do, does, did, can do, could do, should do, must do, will do, would do'처럼 동사는 변하지 않고 조동사를 함께 사용해서 말의 뉘앙스를 살리죠. 영어 문법은 사실상 어순이 거의 전부라고 말할 수 있어요. 언어의 구조, 즉 프레임의 순서와 위치를 알고 나면 그 프레임 안에 어떤 단어를 넣든 내용상 의미만 맞으면 말이 대부분 통합니다.

우리말은 가장 나중에 동사가 오기에 앞말에 그다지 집중하지 않아도 마지막을 잘 들으면 지나간 말을 쉽게 유추할 수 있습니다. 반대로 영어는 동사가 앞으로 나오기 때문에 뒤에 나올 목적어를 예상할 수 있습니다. 결국 어떤 언어를 구사하든지 간에 어순대로 말을 하되 주어 동사 목적어 등이 호응되는 의미를 찾아내는 능력은 매우 중요하지요. 언어감각이란 상징하거나 숨겨진 호응의미를 유추하거나 짐작할 수 있는 능력을 말합니다. 이러한 언어유추력은 독서를 통해 키울 수 있습니다. 또한 단어를 익힐 때 단어 하나만의 의미만이 아니라 함께 사용하는 다른 단어와 짝을 지어 학습하세요. 특히 동사와 목적어로 짝을 지어 단어의 활용을 확장해 보세요. 예를 들어 '시간'이라는 단어를 배울 때 시간만이 아니라 '보내다', '낭비하다', '아끼다', '벌다', '만들다'처럼 관련 동사를 함께 연상하여 확장하세요. 언어능력은 외운 단어의 총량보다 알고 있는 단어를 언제 어떻게 정확하게 사용할 수 있느냐의 문제입니다.

외국어, 저도 잘하고 싶습니다만

04
순간포착 & 활동사진

명사는 세상에 존재하는 모든 것의 이름입니다. 눈에 보이고 만질 수 있는 모든 것으로 자연, 사람, 사물이 포함되죠. 눈에 보이지 않는 개념에도 이름이 있습니다. 이를 추상명사라고 합니다. 사랑, 기쁨, 정, 두려움, 걱정, 희망, 정의, 평등, 책임 등은 눈에 보이지 않지요. 하지만 우리는 추상명사를 행동과 상황 속의 이미지로 배우고 기억합니다. 결국 추상명사는 눈에 보이지 않는 개념임에도 하나의 특정 이미지로 기억되지요.

동사는 움직이는 모든 행위를 설명합니다. 제가 하는 행위는 '쓰다'이며, 여러분이 하는 행위는 '읽다, 생각하다'가 되겠죠. 움직인다는 것은 지금 현재 상태에 고정된 것이 아니라 계속해서 변한다는 것을 뜻합니다. 살아 있는 모든 생명은 시간의 지배를 받기 때문에 무엇 하나 고정된 것이 없습니다. 늘 같은 모습인 듯 하지만, 어제와 오늘이 다르고 오늘과 내일은 또 다르죠. 이렇게 시간의 흐름에 따라 변하는 모습을 나타내는 동사가 있습니다. 또한 독립적으로 홀로 설 수 있는 자동사가 있는 반면, 혼자서는 너무 외로워 늘 목적어가 필요한 타동사도 있습니다.

명사는 순간의 상태를 나타내는 사진과 같고, 동사는 계속해서 눈앞에 움직이는 영상과 같아요. 영어를 포함한 서양어를 배울 때 이해가 조금 어려웠던 것은 동사도 아닌 명사였습니다. 세상 모든 것의 이름이니 명사가 참으로 쉬운 듯했지요. 하지만 영어가 명사를 얼마나 좋아하는지 동사에서 파생된 명사와 동명사를 보면서 새삼 깨달았습니다. 영어는 동사 자체를 사용하기 보다는 우선 동사를 명사로 바꿉니다. 그렇게 동사에서 파생된 명사에 영어의 기본 동사를 결합하여 다양한 표현을 만들어 내지요. 'walk'라고 할 수도 있는데 'go for a walk' 또는 'take a walk'라고 표현하고, decide 라는 동사보다는 make a decision을 선호하죠. 동사 고유의 뜻에 디테일한 뉘앙스를 더해 표현을 다양하게 만듭니다.

동사를 명사로 만들때 명사형 어미를 붙이기도 하고 동명사와 분사로 명사를 또 만들어 내죠. 동명사를 보면 영어권 사람들이 얼마나 명사를 선호하는지 잘 알 수 있어요. 움직이는 순간을 명사로 한정해 둔 거죠. 그래서 동사에서 파생된 명사나 동명사는 마치 사진 같아요. 'read'는 '읽다'지만 'reading'은 '읽고 있는 순간/읽는 행위 자체'를 말합니다.

외국어, 저도 잘하고 싶습니다만

'참 잘했어요.'를 영어로 해보세요. 'You worked well.'이 아마 가장 먼저 떠오를 것입니다. 우리말을 1:1 대응으로 작문을 했을 때 이런 표현이 나오게 됩니다. 이 표현이 잘못된 표현은 아니지만 자주 사용되지는 않지요. 가장 흔히 쉽게 사용되는 표현은 Good job! 입니다. 이 말에서 생략된 문장 성분은 주어와 목적어예요. 그럼 주어를 찾아볼까요? 주어를 찾는 가장 빠른 방법은 동사를 보면 됩니다. 동사는 주어가 무엇을 하는지 나타내는 서술어이기 때문이죠. 이 말은 화자가 청자를 칭찬하는 말입니다. 하지만 무엇을 잘한 것일까요? 동사가 없으니 목적어도 없네요. 하지만 문맥을 보면 구조적으로 생략된 의미를 찾을 수 있습니다.

"Good Job!"에서 생략된 문장 성분을 채워 보면 'You did a good job!'입니다. 동사 'do'가 있고 'do'의 목적어가 'a good job' 이죠. 무엇 하나 생략된 문장 성분이 없습니다. 하지만 이렇게 말하기보다는 'Good Job!'이라고 더 자주 사용하죠. 이는 듣는 사람이 'you'임이 너무 명백하고 'job'이라는 말에 '하다/행하다'의 동사가 숨어 있기 때문입니다. 그러니 굳이 동사를 사용할 필요가 없다고 생각한 거죠. 영어는 동사 없이 명사 하나로도 말이 됩니다. 영어의 이러한 간결성 때문에 가끔은 말의 의미들이 숨바꼭질을 할 때도 있죠. 동사에는 목적어가 필요한데 동사가 명사로 변형되어 있으니 목적어 또한 어딘가 또 다른 모습으로 숨어 있지요. 그래서 숨겨진 의미상의 내용을 유추해야 합니다.

▷ Please call me when you arrive at the airport.

▷ Please call me on your arrival at the airport.

이 두 문장은 모두 '공항에 도착하면 전화 줘, 연락해 줘'라는 뜻이죠. 제가 언급하고 싶은 부분은 'when you arrive'와 'on your arrival'입니다. 영어는 두 번째 문장에 사용된 'on your arrival'처럼 명사를 사용한 문장을 더 세련되게 평가하죠. 문장이 단어의 반복없이 간결합니다. 눈치 채셨겠지만 첫 번째 문장은 주어와 서술어가 합쳐진 시간을 나타내는 부사절이고 두 번째 문장은 명사로만 이루어진 부사구입니다.

영어가 명사를 선호하여 말을 짧게 말하는 습관은 우리가 조사를 빼고 문장 성분을 생략하여 말하는 것과 비슷해요. "지우야, 밥을 먹자"라고 하지 않고, 이름과 목적격 조사 ' − 을'도 빼고 "밥 먹자"라고 하는 것처럼 말이죠. 그래서 우리말을 영어로 표현하고 싶을 때는 첫 번째 단계로 우리말에 생략된 조사와 목적어를 다 채워 완전한 문장을 만드세요. 두 번째 단계로 우리말과 영어를 1:1 대응하듯 영작을 하세요. 세 번째 단계로 영작한 문장을 영어식의 명사형으로 바꾸세요. 이러한 3단계를 여러 번 반복하세요. 어느 순간에 두 번째 단계를 건너뛰고 첫 번째와 세 번째 단계의 변환이 자유롭게 이루어질 것입니다.

외국어, 저도 잘하고 싶습니다만

우리말은 움직이는 말입니다. 저는 우리말을 듣고 있으면 마치 시냇물이 졸졸 흘러가거나 바다가 파도치는 느낌이 들어요. 우리말은 끝까지 들어야 압니다. 동사가 가장 나중에 나오기 때문이죠. 무엇인가를 한참 긍정적으로 이야기하는 것 같다가도 제일 마지막 동사에 '-않다'는 부정 어미를 붙이면 문장의 반전이 일어나죠. 동사는 문장에서 의미를 결정하는 핵심입니다. 우리말은 둘러 둘러말하다 가장 나중에 동사를 말하죠. 하지만 영어는 주어 다음에 바로 서술어가 나옵니다. 핵심을 앞에서 팡 터트렸으니 더 이상 말이 길어질 필요가 없죠. 우리말은 핵심이 나중에 나오는 서술형이기 때문에 계속해서 이야기를 들어야 해요. 영어는 짧고 간략하게 말하는 것을 좋아하는 명사 중심 언어이고, 우리말은 서술하기 좋아하는 동사 중심 언어입니다.

영어는 간단명료한 언어입니다. 영어가 세계 제1의 공용어 위치에 오른 이유 중의 하나죠. 문장 자체가 짧으면서도 명확하다는 것은 무슨 뜻일까요? 정확하게 설명하려면 조금 자세하고 긴 문장들이 필요하지 않을까요? 영어의 명확성은 명사에서 옵니다. 영어는 명사를 선호하기 때문에 길게 변화를 설명하는 동사를 가급적 줄이고 명사의 틀에 동사를 가두어 두죠. 사진과 영상을 비교해 보세요. 사진은 그 순간만을 표현하기에 사진 안에 들어 있는 많은 것들을 정확하게 부동의 상태로 설명할 수 있어요.

하지만 계속 움직이는 영상을 일목요연하게 설명하려면 줄거리를 요약하고 구성을 설명해야 하기 때문에 말과 글이 길어질 수밖에 없죠. 영어는 간결함과 실용성이 매우 뛰어난 언어입니다. 길게 말하지 않으면서도 원하는 뜻을 콕 집어서 설명할 수 있죠. 영어의 간결함은 동사와 서술어 없이도 가능한 말들에서 엿볼 수 있어요. 우리말에도 명사 구조를 자주 사용하는 곳이 있습니다. 바로 신문 기사입니다. 신문 기사는 글을 쓸 수 있는 지면이 제한되어 있습니다. 기사는 간단명료하면서도 사실관계를 객관적으로 육하원칙에 따라 작성해야 합니다. 우리말이 가진 서술적인 특징을 그대로 사용하면 문장이 길어질 수밖에 없죠. 우리말은 영어식 구조와는 달리 한문을 사용하여 명사형 구조를 만들지요. 영어는 A, B, C와 같은 개별 문자에 뜻이 담겨 있지는 않아요. 반대로 한문은 글자 자체에 의미가 담겨 있는 표의 문자입니다. 그래서 매우 경제적이고 함축적으로 단어와 문장을 만들 수 있습니다.

외국어, 저도 잘하고 싶습니다만

05
나만의 친구 & 만인의 친구

　미니멀 라이프 스타일minimal life style은 간결하고 심플한 스타일로 불필요한 치장과 장식을 제거하고, 자신에게 가장 소중하고 필요한 것에만 마음을 두고 살자는 트랜드입니다. 삶에 최소한의 물건으로 사물이 공간을 지배하는 것이 아니라 사람이 공간에서 좀 더 여유롭게 살라는 거죠. 이런 미니멀리즘이 말과 글에도 적용이 된다면 어떻게 될까요? 꼭 필요한 말만 하고 꼭 써야 하는 문장만 쓰고, 문장도 일체의 꾸밈없이 주어, 목적어, 동사의 골격만으로 언어생활을 한다면? 그건 마치 말과 글이 만들어 내는 알록달록한 집을 휑하게 콘크리트 골조만 남겨 두는 일과 같은 거 아닐까요.

　문장을 꾸며 주는 품사는 형용사와 부사입니다. 회색빛 콘크리트 벽에 페인트를 칠하고, 벽지를 바르고, 액자를 걸고, 화분을 놓는 모든 행위가 집을 편안하고 멋있게 꾸미고자 하는 일이죠. 문장에서 형용사와 부사를 사용하는 경우도 마찬가지에요. 단순히 주어와 서술어만 사용하는 것보다 형용사나 부사를 같이 사용하면 문장의 어감도 분위기도 완전히 달라지죠. "강민이는 학교에 갑니다."와 "강민이는 학교에 신나게 갑니다."는 느낌이 다릅니다. 앞 문장이 단순히 사실을 전달하기만 한다면 뒤의 문장은 감정까지도 전달되지요.

형용사와 부사를 무작정 아무 곳에나 둔다고 문장이 예쁘게 될까요? 형용사와 부사도 자신들이 꾸미는 담당이 있습니다. 형용사는 명사를, 부사는 동사를 맡아요. '멋진 자동차'는 말이 되지만 '멋지게 자동차'는 비문이죠. '멋지게 자동차를 운전하다'라고 동사를 추가하면 말이 됩니다. '멋지게 자동차를 운전하다'와 '멋진 자동차를 운전하다'는 뜻이 다릅니다.

꾸미는 말의 위치는 매우 중요하죠. 제가 꽃으로 머리를 장식한다고 하면 머리 위에 바로 꽃을 올리겠죠. 나를 꾸며 주는 꽃이 바닥에 있거나 저와 떨어져 있으면 이 꽃이 나를 예쁘게 해 주는 건지 아닌지 알 수 없잖아요. 그래서 형용사는 명사와 함께 짝꿍으로 다녀요. 그것도 바로 앞에 말이죠. 이건 우리말도 영어도 마찬가지예요. 잘생긴 남자handsome man, 편안한 신발comfortable shoes 모두 바로 명사 앞에 놓이죠. 하지만 이 수식하는 말이 단어와 단어가 모인 구이거나 주어와 서술어가 합쳐져 길어지면 명사 뒤로 빠져줘야 합니다. 명사가 가장 중요한데 꾸며 주는 말이 너무 길면 누가 주연이고 누가 조연인지 헷갈리잖아요. 우리말에는 없는 영어의 관계 대명사절의 자리는 관계대명사 바로 뒤입니다.

외국어, 저도 잘하고 싶습니다만

형용사는 수식어이기도 하지만 보어로서의 역할도 합니다.

'That man is handsome!(저 남자 잘생겼어!)'에서 'handsome' 은 be동사 뒤에 나와 주어를 설명해 주죠. 'These shoes are comfortable.(이 신발 편하네)'라는 문장을 볼까요. 신발이 어떻다고요? 편하다네요. 이렇게 신발이 어떤지 보충 설명을 해 주죠. 그래서 이런 경우를 보어라고 해요.

그렇다면 부사는 어떨까요? 부사는 형용사, 부사, 동사 그리고 문장 전체를 꾸며요. 만인의 친구답지요. 그래서 부사의 위치는 형용사보다 자유로워요. 일부 학자들은 부사도 꾸며주는 단어 바로 앞에 사용해야 한다고 주장하기도 해요. 우리말에서는 위치가 그렇게 중요하지 않기 때문에 조금 유연하게 생각해도 되죠.

영어는 명사를 선호하기에 꾸밈에 형용사, 형용사구, 형용사절이 많이 사용되고 우리말은 동사를 선호하기에 부사가 많이 사용되죠. 우리가 영어를 잘 하고 싶을 때 영어식으로 생각해야 한다는 말뜻에는 두 가지가 담겨 있어요. 첫째로 언어 구조를 영어식으로 바꾸고, 둘째로 의미를 모두 영어식으로 생각하라는 거죠. 영어에서 한국어로, 한국어에서 영어로 빠르게 전환하려면 100미터 달리기의 속도를 단축하는 트레이닝처럼, 빼빼 마른 몸을 벌크업 시키는 운동처럼 꾸준하게 반복훈련 해야 합니다.

형용사와 명사가 자주 사용되는 영어 문장을 우리말로 전환할 때는 형용사와 명사 그대로 옮기면 의미 전달이 어려워요. 왜일까요? 우리말은 부사와 동사를 사용해야 자연스러운 데 영어식으로 된 언어 구조를 한국어로 이해하려니 어딘가 모르게 고개를 갸우뚱하게 되죠. 형용사와 명사의 영어 구조 문장은 우리말로 부사와 동사 구조로 전환해야 이해가 빠릅니다. 반대로 부사와 동사 구조의 우리말을 영어로 옮길 때는 부사와 동사 구조를 형용사와 명사 구조로 바꿔야 되겠죠.

They lived happily. - They had happy life.

그들은 행복하게 살았다. - 그들은 행복한 삶을 가졌다.

He guessed wrong - He made wrong guess.

그는 착각했어. - 그는 잘못된 추측을 했어.

I stoped several times. - I made several stops.

나는 여러 번 멈췄어. - 나는 여러 멈춤을 만들었어.

앞의 예시를 보면 우리말과 영어에서 어떤 표현들이 통용되는지 알 수 있습니다. 밑줄 친 문장들이 좀 더 자연스럽지요. 우리말의 부사 +동사 구조를 영어의 형용사+명사 구조를 비교하면서 문장구조를 전환하는 훈련을 꾸준히 해보시기 바랍니다.

외국어, 저도 잘하고 싶습니다만

06
관객 & 주인공

어린아이가 말을 시작하면 가장 많이 사용하는 주어가 자신의 이름입니다. 3세의 지우라는 아이는 "지우는 게임하고 싶어요."라고 흔히 말하죠. 자신의 이름을 마치 제3자처럼 말하면서 자신이 원하는 것을 표현합니다. 그러다 사회화가 이루어지면 자연스레 이러한 습관은 사라집니다. 우리말에서 주어를 굳이 말하지 않아도 된다는 것을 깨닫기도 하고 또한 자신의 이름을 직접 말하는 것이 듣는 상대 입장에서 유치하다는 것을 인식하기도 하고요. 이와 같은 비슷한 발달 과정이 영어권에서는 수동태 사용입니다. 영어권에서는 아이가 수동태를 이해하는 단계가 되면 자기중심에서 벗어나 자신과 타인을 구분하면서 나와 다른 존재를 인정하고 관찰하는 단계에 접어들었다고 판단합니다.

우리말에서 주어가 될 수 있는 것은 기본적으로 살아 움직이는 생명체입니다. 동사는 움직임을 설명합니다. 움직이지 못하는 사물은 움직이는 주체가 될 수 없지요. 우리말은 주어의 생략이 빈번하기 때문에 주어를 생략해도 동사를 보면 행위의 주체를 알 수 있어요. 이러한 능동태와 반대되는 개념이 우리말에는 피동형이고 영어에는 수동태입니다. 능동태의 목적어가 수동태의 주어 자리로 이동하고, 능동태의 서술어(동사)는 be동사와 능동태 동사의 분사 형태로 변형합니다. 마치 수학 공식처럼 배우셨을 거예요. 수동태의 주어가 될 수 있는 것은 오직 목적어예요. 그러니 목적어가 없는 자동사 문장은 수동태로 바꿀 수 없습니다. 목적어를 사용하는 타동사 문장만이 수동태가 될 수 있습니다.

영어는 경제적이고 함축적인 언어이기 때문에 함축된 뜻에 무엇이 숨겨져 있는지 알아봐야 하죠. 수동태 문장에는 동사의 주체가 숨어 있어요. 무엇인가가 행해져 있는 결과와 상태를 표현할 때 수동태를 많이 사용하죠. 앞서 설명한 바와같이 영어는 사진처럼 순간을 포착하는 언어예요. 누가 했는지가 중요한 게 아니라 행해진 결과를 보여 주는 거죠. 영어권 의무 교육에서의 가장 고급 단계가 수동태를 자유자재로 구사하는 단계라고 합니다. 수동태 문장에서는 행위의 주체가 숨겨져 있어 객관적인 사실을 전달할 때 자주 사용되지만, 행위자를 파악하기 어려워 행동의 원인과 결과 그리고 책임 소재가 불분명하게 표현됩니다. 이러한 이유로 영미권에서는 수동태를 정치인들의 문장이라고도 합니다.

정신 성장과 발달 단계에서 가장 중요한 성장 포인트가 자기 자신을 객관화하여 바라볼 수 있는 단계입니다. 이는 자신의 생각과 감정에서 벗어나 타인과 자신을 바라보는 단계를 말합니다. 유체이탈이라는 코믹스러운 표현으로도 이러한 상태를 설명하죠. 나를 관찰하기란 어려운 일입니다. 내가 나를 바라본다는 것은 내가 최소 두 명이거나 나의 복제 인간이 있어야 가능한 일이죠. 이러한 심리적 단계를 영어 표현에서도 찾아볼 수 있습니다. 수동태는 주체가 빠진 상태와 결과만을 표현하는데, 화자를 객관화하여 표현하기도 하죠.

재귀동사는 동사의 목적어가 주어와 동일 인물입니다. 내가 나에게 하는 행동을 뜻하지요.

I can express myself well.

나는 나 자신을 잘 표현한다. → 나는 내 생각을 잘 말한다.

She hurt herself.

그녀는 자신을 다치게 했다. → 그녀는 다쳤다.

He blamed himself.

그는 자신을 비난했다. → 그는 자책했다.

여기까지는 어렵지 않았어요. 우리말에도 있는 표현이니까요. 영어에서 타동사는 목적어가 반드시 필요하니까 '내가 다쳐도 내 신체의 일부나 나 자신을 써야 하는구나' 하고 이해하고 넘어갔지요. 하지만 find oneself를 이해하는데는 제법 시간이 오래 걸렸습니다.

학창시절에 선생님이 그냥 외우라고 해서 외우기는 했지만 도통 이해가 가지 않았어요.

'find'는 '~을 찾다'라는 동사로, 반드시 목적어가 필요한 동사입니다.

I found the key.

나는 열쇠를 찾았어요.

I found myself pretty.

나는 나 자신이 예쁘다는 것을 발견했어. → 나 예쁜 것 같아. 나 예쁘지. 나 예뻐.

I found myself in trouble.

문제에 빠진 내 자신을 발견했어. → 큰일이다. 문제가 생겼어. 나 곤란한 일이 생겼어.

I found myself at the hospital.

병원에서 나를 발견했어. → 내가 병원에 있더라고.

I found myself agreeing with what he said.

나는 그가 하는 말에 동의하는 나 자신을 발견했어. → 나도 모르게 그가 하는 말에 수긍하고 있더라고.

'find oneself'의 표현을 보면 정신이 나갔다 돌아온 것 같은 느낌이 들어요. 자신이 스스로 한 행동을 타인이 한 것 마냥 표현하는 것이 참으로 신기했죠. 이 표현을 우리말로 그대로 직역하면 영혼이 몸에서 탈출해서 자신을 바라보고 있는 듯한 또는 자신의 영혼은 몸 밖으로 나오고 다른 영혼이 몸으로 들어가 있는 느낌이 들지요. 말로 설명하기도 애매모호한 '정신줄 놓은' 느낌말이에요. 이러한 관찰자적 표현은 의식적이지 않은 행동을 상황 파악되지 않은 상태에서 하고 나서 이후 깨달았다고 설명하는 표현이죠.

영미권 교육학자들은 영어의 관찰자적 표현과 수동태 표현은 심리 인지 발달에 있어 자기 자신을 객관적으로 바라볼 수 있는 단계가 되어야 사용 가능한 표현이라고 합니다. 아기는 엄마와 아기를 분리할 때 낯을 가리기 시작합니다. 이렇게 단순히 외적인 모양과 인상을 구별하는 단계를 거쳐 '나와 너'가 생각과 마음이 다르다는 것을 인식하고 깨달은 후에 자기 객관화라는 발단 단계에 이르게 됩니다. 자기 객관화는 심리학적으로 자기 생각과 마음이 분리될 수 있다는 것을 깨달아야 가능합니다.

우리말에 '머리와 마음이 따로 논다'라는 표현이 있잖아요. 이 표현을 이해한다면 자기 객관화가 가능한 단계입니다. 시험을 앞둔 상황을 예로 들어 볼게요. 머리는 책상에 앉으라 명령하지만, 마음은 자꾸 밖으로 불러냅니다. 어떤 선택이든 하게 되어있죠. 그렇게 선택을 하고 난 후에 이런 표현을 사용할 수 있습니다.

I found myself sitting at my desk. 내가 책상에 앉아 있더라고.

(나가 놀고도 싶었지만…….)

I found myself sitting at the bar. 내가 술집에 앉아 있더라고.

(공부는 해야 하는데…….)

부가적으로 설명을 더 한다면, 괄호 안의 뜻은 제가 예시로 든 상황을 모두 알고 있어서 추측 가능한 부가적인 뜻입니다. 결국, 단어와 문장은 문맥과 맥락을 벗어날 수가 없습니다. 언어능력 이라는 것은 이러한 문맥과 맥락을 파악하여 단어와 문장의 뜻 을 새롭게 해석하는 것을 뜻합니다.

외국어, 저도 잘하고 싶습니다만

III

프랑스어와
독일어로
보는 문화

인류가 글을 사용하면서부터 정보는 사람의 입이 아니라 문자기록으로 전달되기 시작합니다. 인류의 역사는 기록의 역사이며, 기록되지 않은 것은 잊혀집니다. 역사는 기록되어야만 역사로의 가치가 살아 납니다. 기록은 구전과 달리 상대적으로 정보의 객관성이 확보됩니다. 많은 왕족과 권력가들은 역사 기록물을 권력의 소유로 여기기까지 했습니다. 그래서 객관성을 띤 사실그대로의 역사 기록물은 매우 높은 평가를 받습니다. 그중 대표적인 것이 우리나라 조선왕조실록입니다. 우리나라 조선왕조실록은 왕조차도 함부로 볼 수 없었다고 하지요. 조선왕조실록은 객관성을 띤 역사의 기록으로 인정받아 1997년에 유네스코 세계문화 유산으로 등재됐습니다.

전쟁의 역사 또한 힘의 논리에 따라 승자의 관점에서 역사가 기록되었습니다. 우리가 배워 온 세계사는 대체로 강대국의 관점에서 자국의 위대함을 알리기 위해 기록된 결과물입니다. 특히 그러한 역사기록을 남긴 강대국들은 근대로 들어와 자국의 우월성을 직접적으로 드러내며, 다른 국가와 민족을 상대적으로 열등하게 바라보았습니다. 이러한 민족 감정과 자국우월주의는 갈등과 다툼을 넘어 세계1, 2차 세계대전으로 확산되었습니다.

이 중심에 프랑스와 독일이 있습니다. 프랑스와 독일은 같은 프랑크 왕국에서 기원했습니다. 먼 옛날 형제 나라였으나 드넓은 프랑크 왕국은 민족과 지형에 따라 동서로 나뉘면서 오늘날의 프랑스와 독일로 분리됩니다. 그 이후 독일과 프랑스는 사사건건 크고 작은 전쟁을 치르며 단순한 경쟁자를 넘어 앙숙이자 숙적이 되었습니다. 서로를 바라보는 시각은 매우 극단적이었죠.

외국어, 저도 잘하고 싶습니다만

제2차 세계대전 이후 프랑스와 독일은 물론 유럽의 모든 국가는 어디에서도 두 번 다시 같은 일이 벌어져서는 안 된다는 생각에 이르렀습니다. 이러한 공감대는 미래 평화 보장을 위한 길을 열었습니다. 이것이 오늘날 유럽 연합의 시발점이었습니다. 과거를 청산하고 평화를 위한 미래 지향적인 합의는 여러 분야에서 나타났습니다. 그중에서 주목할 것이 바로 독일·프랑스가 자국 중심의 역사관에서 벗어나 사실과 진실의 균형을 찾아 공동으로 역사를 집필한 것입니다. 앞으로 자라나는 세대들에게 올바른 역사 사관을 심어주는 것이 미래의 평화를 보장한다고 판단했죠. 그렇게 프랑스와 독일의 인문 고등학교 역사 교과서는 언어만 다를 뿐 같은 내용의 교과서를 사용합니다. 평화의 기록보다는 전쟁의 기록으로 점철된 이 두 나라가 역사를 공동으로 편찬하여 후손에게 교육하는 것은 양국의 평화를 위한 위대한 행보입니다. 어떻게 기록하여 어떤 관점으로 바라보느냐에 따라 역사는 새롭게 해석됩니다. 프랑스와 독일은 과거의 잘못을 서로 인정하면서 유럽 연합을 이끌어 가고 있지요. 이들을 통해 우리나라를 돌아봅니다. 우리나라와 중국과 일본이 함께 동일 교과서를 편찬하는 날이 올 수 있을까요?

01
라틴어 전성시대

라틴어 하면 그레고리오 성가가 울리는 중세 고딕 스타일의 천장 높은 성당이 떠오릅니다. 라틴어를 공식어로 사용하는 곳은 유일하게도 가톨릭의 심장인 바티칸 공화국입니다. 하지만 그들의 생활어는 이태리어입니다. 가톨릭의 전통을 유지하기 위해 라틴어를 공식어로 삼았을 뿐이지 라틴어를 말로 사용하지는 않습니다. 죽은 언어라고까지 말해지는 라틴어가 서양어에 어떤 영향을 끼쳤을까요?

라틴어는 서양어권의 언어와 문화에 넓고 깊게 스며들어 있습니다. 라틴어 계열인 프랑스어, 이탈리아어, 스페인어, 루마니아어는 물론이고 게르만 계열인 영어와 독일어에도 매우 깊게 연관되어 있지요. 초기 라틴어는 이탈리아 테베레 강변에 있는 라티움Latium 지방의 지역어였습니다. 오늘날과 견주어 보면 서울의 구區 크기에서 사용하던 지역어가 천 년이 넘도록 서양 전역의 언어와 문화와 학문을 이끌어 온 것이죠.

외국어, 저도 잘하고 싶습니다만

초기 라틴어가 지역어로 사용되었던 당시 이탈리아에는 통일어가 존재하지 않았습니다. 지역마다 각자 고유 지방어를 사용하며 서로의 언어에 영향을 주고 받았지요. 이후 이탈리아 남부가 그리스의 식민지가 되면서 그들의 지방 언어에 그리스어가 많이 유입되었습니다. 라틴어도 예외는 아니었지요. 라틴어는 이러한 시대적 역사 속에서 언어적 영향력을 주고받으며 혼합적인 성격을 띠게 되었어요. 그렇게 성장한 라틴어는 기원전 3세기와 서기 1세기 사이에 로마 상류층의 언어로 발전합니다.

당시 이탈리아 남부의 공식 언어는 그리스어로, 초기 교회의 문헌들은 대부분 그리스어로 쓰였죠. 하지만 로마에서 기독교가 빠른 속도로 전파되면서 라틴어로 작성되는 가톨릭교회 문헌도 많아졌습니다. 사람들은 그리스어와 히브리어로 된 성서보다는 라틴어로 쓰인 성서를 원했죠. 약 400년경에 히에로니무스라는 신학자가 라틴어로 성경을 편찬합니다. 라틴어 성경이 퍼지고 라틴어는 자연스레 교회 언어로 자리잡습니다. 유럽은 이후 약 천여년간 가톨릭교회의 지배를 받습니다.

유럽은 암흑기라고 말해지는 중세를 거쳐 이른바 인간의 세계로 돌아왔지만 언어는 그대로 유지되었습니다. 중세 시대에 신학과 철학 등 모든 학문의 중심은 가톨릭교회였고, 가톨릭교회의 언어가 라틴어였기 때문에 모든 학문의 기본 언어는 라틴어로 유지되었습니다. 라틴어는 더는 말해지지 않은 문자 언어입니다. 그럼에도 계속 사용되는 이유 중의 하나가 라틴어에는 더 이상의 변화가 없기 때문이죠. 언어는 언어 공동체가 사용하는 한 계속해서 공동체 사회와 함께 변하지만, 사용하지 않는 언어는 박물관의 박제와 마찬가지입니다. 이 점을 학계에서는 라틴어의 장점으로 보았습니다. 시대의 유행이나 변화 없이 몇 백 년이 지나도 원본 그대로 전달가능하기 때문입니다. 언어에 변함이 없기에 해석이 시대상을 반영하지 않지요. 근대법의 기원인 로마법과 교회법이 라틴어이며 신학, 의학, 생물학 등에서 사용되는 학문 용어 또한 라틴어입니다. 4개 국어를 공용어로 사용하는 스위스는 언어 중립성을 지켜야 할 상황에서는 라틴어를 사용한다고 합니다.

우리가 고사 성어를 인용하듯 서양은 라틴어를 종종 인용합니다. 라틴어는 정통성과 전문성 그리고 지성을 드러내지요. 게임이나 판타지 소설에서 나이 지긋한 마법사의 주술은 대부분 라틴어로 설정되곤 합니다.

라틴어를 배워야 연관 외국어를 잘할까요? 라틴어는 우리의 한자와 비슷합니다. 말로 통용되지 않지만 한자를 이해하면 우리말에 도움이 되지요. 물론 같은 한자 문화권이라고 해서 같은 한자를 사용하지는 않아요. 중국이 문맹률을 낮추기 위해 어려운 글자를 간단하게 만든 간체자簡体字를 사용하고, 우리나라와 대만 그리고 홍콩에서는 여전히 정체자正體字를, 일본은 약체자略体字를 사용하고

외국어, 저도 잘하고 싶습니다만

있습니다. 서로 다른 문자를 사용해도 같은 어원을 공유하기 때문에 한자를 알면 중국어와 일본어를 배우고 이해하기 쉽습니다. 라틴어도 마찬가지에요. 라틴어를 먼저 배우는 것이 아니라 영어, 프랑스어, 독일어를 배우다 보면 라틴어에서 유래한 단어들을 흔히 접할 수 있어요. 그때 라틴어의 접두사와 접미사를 분류하면서 어휘를 확장하는 것은 매우 효과적이죠. 하지만 영어와 프랑스어를 잘하자고 라틴어 단어부터 일일이 외우거나 이 세상에서 가장 어렵다는 라틴어 문법을 배울 필요는 없습니다.

영어와 프랑스어는 발음이 매우 다르지만 단어는 같거나 비슷합니다. 다시말해 쓰는 법은 같지만 말하는 법이 다르죠.

국가 - nation - 네이션 - nation - 나씨옹
소책자 - brochure - 브로셔 - brochure - 브로쉬흐
준비하다 - prepare - 프리페어 - préparer - 프레파헤

위와같이 영어와 프랑스어의 단어가 겹치는 비율이 약 70퍼센트입니다. 이러한 단어의 유사성은 어디에서 유래할까요?

9세기 무렵 일반 대중이 이해하지 못하는 라틴어가 모든 행정과 종교 그리고 학계의 언어로 사용되었습니다. 이 무렵 프랑스 왕은 프랑스 북부지방을 빈번히 약탈하던 노르만인들에게 현재

의 프랑스 북부 노르망디 지역의 일부를 나누어 주며 정착을 허락했어요. 노르만족은 바이킹이라는 이름으로 우리에게 알려져 있지요. 훤칠한 키와 커다란 덩치에 하얀 피부, 그리고 금발의 파란 눈의 특징을 가진 전형적인 북방계 인종입니다. 그렇게 정착한 노르만인들은 1066년 노르망디 공公의 지휘를 따라 영국 정복에 나서요. 이후 영국을 점령한 노르만족은 영국에 새로운 왕조를 열지요. 1066년 노르망디 공公은 기욤 윌리엄 1세로 영국에 노르만 왕조시대를 시작합니다.

이후 영국에서 정복자의 언어인 프랑스어가 약 300년간 사용됩니다. 당시 영국인들은 자신들의 언어 대신 표현력이 뛰어나고 어휘가 풍부한 프랑스어를 공용어로 채택하여 모든 공공기관에서 사용했어요. 의회와 법정 그리고 모든 행정기관의 언어는 프랑스어였습니다. 프랑스어가 공용어로 영어는 국민의 생활언어로 정착되는 300년간 프랑스어와 영어가 서로 주고받은 영향력은 매우 광범위 했습니다.

영국과 프랑스는 1337년부터 1453년까지 백년전쟁을 합니다. 영국은 프랑스 내에 영토를 주장하며 영국 왕자를 프랑스 왕의 후계자로 지정하고자 끊임없는 분쟁과 전쟁을 이어 나갔습니다. 프랑스는 영국이 경제적으로 지배하고 있던 프랑스 산업 지역을 확보하려고 전쟁에 맞서기 시작합니다. 당시 프로랑드 지방은 현재의 프랑스, 벨기에, 네덜란드의 국경지역으로 모직 산업이 매우 발달해 있었고 유럽 최대의 와인 생산지였어요.

이 지역은 정치적으로 프랑스 영토였지만, 경제적으로 영국이 지배하고 있었습니다. 백년전쟁 이후 영국에서는 왕위 계승문제로 30년간 장미전쟁이 일어났고, 유럽과 별개의 정치적인 형태로 발전해 나가죠. 프랑스는 모직물 공업이 발전하면서 경제기초가 다져지고 부르주아가 경제주도층으로 자리잡으며 왕권 또한 확대되었습니다. 영국과 프랑스는 각각 독립적인 국가의 형태를 갖추어 나갔어요. 이러한 배경으로 영국은 프랑스어 사용금지 칙령을 내립니다. 그러나 법률 용어로 확고하게 자리 잡았던 프랑스어를 금지시키기는 거의 불가능했습니다. 이후로도 영국에서는 700여년을 계속해서 프랑스어를 사용했고, 18세기에 이르러 프랑스어 금지 법안이 의회에서 통과되면서 프랑스어의 사용이 줄어 들기 시작했습니다.

결과적으로 프랑스어가 영국에서 약 1천여 년간 사용되면서 발생한 언어 변화는 매우 컸어요. 일본이 우리를 지배했던 기간 동안 유입된 일본식 표현이 국어순화노력에도 불구하고 지금까지도 남아 있어요. 이 보다 몇십 배나 오랫동안 프랑스어가 영국에서 사용되었을 때 일어난 언어 변화는 어땠을까요? 1천여 년 시간은 영어와 프랑스어를 비슷하게 만들었습니다. 발음에는 현저한 차이가 있지만 영어 단어의 70퍼센트가 프랑스 단어와 같거나 많이 비슷해요. 프랑스어는 라틴어에서 유래했고 라틴어에서 유래한 프랑스어가 영국에서 사용되면서 철자는 그대로 받아드리고 발음만 영국식으로 바꾸어 사용한 결과입니다.

02
할렐루야, 종교 개혁

이 세상 모든 종교는 미래에 대한 걱정과 두려움을 신에 대한 믿음과 사랑으로 바꿉니다. 종교는 인간이 해결할 수 없는 것들에 대한 물음에 답을 합니다.

종교의 이러한 순기능이 제대로 작동 된다면 이 세상 어려울 게 없습니다. 사람이 모인 곳에는 사랑과 이해만 있는 것이 아니라 이기심, 나아가 권력과 지배에 대한 욕망도 생기기 마련입니다. 그리고 이러한 인간 세상에 이해와 해법을 찾아 주기 원했던 종교가 역으로 인간을 지배하고 통제하여 권력 집단으로 변질한다면, 그건 사랑과 자비를 베풀 라는 신의 뜻이 아니라 인간의 욕망이 저지른 죄이자, 업보일 것입니다. 종교가 권력과 부합하여 인간을 지배했던 시기는 역사 속에서 쉽게 찾아 볼 수 있습니다.

유럽은 약 천여 년간 종교권력의 지배를 받았습니다. 종교의 이름으로 인간성은 억압되고 권력과 지식은 일부 성직자와 특정 귀족에게만 몰려 있었지요. 달이 차면 기울 듯이 15세기경 유럽에서 가톨릭교회에 대한 반발과 개혁의 요구가 일어납니다. 종교 개혁은 피할 수 없었습니다. 가톨릭교회가 종교의 기능을 하지도 못했을 뿐더러 모든 권력의 최고봉에 올라서 신의 이름으로 '면죄부' 장사까지 했습니다. 당시에 교회의 문헌과 책은 라틴어로 쓰였고, 라틴어를 할 수 있는 사람은 가톨릭 사제와 사회 최상의 계층이었습니다. 이들은 신의 이름으로 연약한 인간의 마음을 악용하여 신과 인간 사이의 중재자 역할을 독점했습니다. 사람들은 오직 가톨릭교회 사제들만이 신과 대화할 수 있으며 그들을 통해야만 구원을 받을 수 있다고 믿었죠. 종교 개혁의 기운이 모락모락 피어오르기 시작한 것은 봉건제가 서서히 무너지면서 가톨릭교회의 재정이 악화되던 시기였습니다. 가톨릭교회는 구멍 난 재정을 메우기 위해 면제부를 팔았습니다. 면제부는 곧 구원이자 천국행 티켓이었습니다. 회개하고 기부금을 내어 기부금 증서를 받으면 죄를 용서받을 수 있다고 했습니다.

이에 매우 분개한 독일의 신학자 마르틴 루터Martin Luther는 면죄부 판매에 항의하는 대자보를 교회 정문에 붙였습니다. 〈95개 조의 의견서Anschlag der 95 Thesen〉는 라틴어로 작성되어 많은 사람들이 읽지는 못했지만 내용은 곧 입에서 입으로 전달되어 유럽 전역에 퍼지게 되었습니다. 마르틴 루터가 작성한 대자보의 내용은 '누구나 다 사제를 통하지 않아도 믿음으로 신을 만날 수 있으며 교회가 만든 형식과 권위는 전혀 중요하지 않고 성경에 쓰인 말씀만이 구원으로 이르는 길이다'였죠. 당시 이 내용은 가톨릭교회의 권위는 물론이고, 천여 년을 이어 온 중세에 대한 도전이었습니다. 루터의 주장은 너무나도 파격적이어서 순식간에 유럽 전역으로 퍼졌습니다.

가톨릭교회와 황제가 가만히 있을리가 없죠. 여러 토론과 공론을 통해 루터는 황제의 명으로 추방당합니다. 당시 추방은 누군가 쥐도 새도 모르게 루터를 살해해도 아무런 법적 책임을 물을 수 없는 사형선고나 마찬가지였어요. 위험에 빠진 루터는 신분을 감추고 시골의 고성에 숨어 라틴어 성서를 독일어로 번역하기 시작합니다. 라틴어 성서 번역작업이 얼마나 커다란 시대의 변화를 몰고 올지 당시 루터는 예견했을까요? 신앙과 믿음에 대한 순수한 루터의 열정은 중세 시대의 막을 내리게 하는 도화선이 되었습니다. 변화의 불꽃은 독일 뿐만 아니라 프랑스, 스위스, 영국 등 유럽 전역으로 퍼져 나갔죠. 각 나라에서 라틴어가 아닌 자신들의 언어로 번역된 성서가 속속 등장했습니다. 자신들이 평소에 사용하는 입말이 글로 사용되면서 라틴어는 뒷전으로 밀려버렸지요. 자국어 보급이 확대되고 개인의 지적 수준도 높아지게 됩니다. 그렇게 신의 시대가 막을 내리고 인간이 다시 태어나는 르네상스의 시대가 찾아옵니다.

외국어, 저도 잘하고 싶습니다만

종교가 지배하던 신의 시대에서 벗어나 인간이 다시 중심으로 돌아간 시대를 '르네상스Renaissance'라고 합니다. re- 는 라틴어 접두어로 다시, 반복을 뜻합니다. naissance 태동, 기원, 생성이라는 뜻입니다. 프랑스어의 naître '태어나다'의 명사형 또한 naissance입니다. 이를 다 합하면 '다시 태어나다, 즉 신의 지배에서 벗어나 인간이 중심 되는 세상으로 다시 돌아오다'라는 뜻입니다. 이처럼 중세에서 벗어나 근대를 알리는 사건들로 르네상스, 절대 왕정, 식민지 개척, 과학의 발달 등을 꼽을 수 있어요. 그리고 이 모든 변화에는 자국어에 대한 자부심이 상승하는 시대적 흐름과 국가에 대한 개념이 자리 잡고 있습니다. 국가에 대한 소속감을 높이기 위해서는 공식 언어를 더욱 공고히 하고 문화 번성을 촉진해야 했습니다. 이러한 요구와 변화의 바람을 태풍으로 만든 것은 바로 인쇄술의 발명과 발달이었습니다. 당시 인쇄술의 발명과 발달이 불러온 변화는 오늘날의 인터넷과 스마트폰이 세상을 바꾼 만큼 지식과 정보유통의 커다란 혁명이었습니다.

Ⅲ. 프랑스어와 독일어로 보는 문화　　　　115

03
환영합니다, 구텐베르크님!

　지금 우리가 살고 있는 모습은 과거에 행해진 사건과 일들의 연속된 결과입니다. 오늘날 우리가 사는 모습을 보면 미래를 예측할 수도 있지요. 그래서 트렌드 분석가나 미래 전략가들은 많은 사례를 역사에서 찾습니다. 역사를 되새겨 보면 거기에 오늘날의 모습이 들어 있어요.

　인류가 존재한 이후 각 나라와 대륙에서 이루어진 개별적인 개혁과 혁신과 혁명을 넘어서 인류 전체에 영향을 준 사건을 꼽는다면 문자의 사용과 책의 발명이라고 생각합니다. 문자 사용과 책 덕분에 지식의 보급 속도가 빨라져 오늘날에 이르게 되었죠. 인류가 문자를 사용하기 전에 모든 정보와 지식은 입에서 입으로 전달 되었어요. 구전된 정보들은 말하는 사람과 상황에 따라 각색되고 변형되었습니다. 하지만 문자가 도입된 후, 구전 정보를 대신해 문자 정보가 점점 힘을 얻기 시작했습니다. 사람들은 문자로 기록된 것에 객관성을 넘어 절대적인 믿음을 갖기 시작했어요. 그리고 문자

외국어, 저도 잘하고 싶습니다만

를 해독하는 능력, 문자를 쓰는 능력은 곧 권력의 손에 넘어갔습니다. 지식의 확보는 곧 권력의 보장이었습니다. 제가 이렇게 글을 쓰고 책을 만드는 것이 전혀 새로울 것이 없어 보이지만, 과거에는 문자를 사용하고 책을 읽는 것이 누구에게나 허용된 것은 아니었습니다.

문자의 사용은 지식을 배우는 새로운 방법이었습니다. 입으로 설명되는 것은 검토하기도 검증하기도 어렵지만, 문자로 기록된 것은 검토와 검증은 물론 지식을 배우고 전파하기에도 수월했지요. 문자를 사용하는 사람들은 인지 능력과 지적 수준이 당연히 높아졌고, 문맹인과는 다른 삶을 누릴 수 있었습니다. 그리고 그들이 발명한 것이 기록의 수단, 바로 책이었습니다. 무엇인가를 기록하기 위해서는 기록수단이 필요합니다. 지금은 종이가 차고 넘치지만, 과거에는 기록 수단조차 귀했습니다. 어디에 무엇으로 쓸 것인가는 매우 중요한 문제였지요. 기록 수단으로는 파피루스, 천, 진흙 판, 돌, 대리석, 가죽, 나무껍질, 대나무, 상아 등 다양했어요. 이러한 재질에 갈대 줄기, 붓, 쇠로 만든 펜, 조각칼, 끌, 깃털 펜 등의 필기도구가 사용되었죠. 필기 도구를 사용하여 글을 적어 내던 필경사라는 직업도 있었습니다. 이들은 원서를 손으로 다시 베껴 쓰는 일을 했습니다. 나름의 글씨체와 자간과 행간을 새롭게 구성했으며, 필경사에 따라 책의 내용이 조금씩 바뀌기도 했습니다. 모든 것이 사람 손으로 이루어졌기에 오탈자와 변형은 불가피했죠.

원문 그대로 책을 만들고자 하는 고민은 기계의 발명으로 이어졌습니다. 지식 혁명의 하나로 말해지는 인쇄술의 발명과 발달이지요. 전통적으로 인쇄술에는 목판 인쇄술과 활판 인쇄술이 있었습니다. 목판 인쇄술은 글씨를 나무판에 새겨 그것을 통으로 찍어 내는 방식입니다. 당시 우리가 사용하던 한자는 수천 글자에 이르렀고, 그것을 글씨 쓰듯이 한 글자 한 글자 찾아서 배열하는 것은 거의 불가능했습니다. 그래서 책 전체를 통으로 나무판에 새겨 인쇄하는 기술이 발달했죠. 그리고 우리나라가 책을 만들었던 커다란 이유 중의 하나는 지식의 보급이었다기보다는 정보와 기록의 보관이었기에 정확하게 내용을 인쇄하는 것이 중요했습니다.

현존하는 가장 오래된 목판 인쇄물은 불국사 사리탑에서 발견된 《무구정광대다라니경》으로 705년경에 제작된 것으로 추정됩니다. 또한 금속 활자를 사용하는 활판 인쇄술도 우리나라에서 시작되었습니다. 금속 활자를 사용한 가장 오래된 인쇄본은 1377년에 간행된 《백운화상초록불조직지심체요절》입니다. 이 책은 상·하권으로 구성되어 있고, 하권이 프랑스 도서관에 방치되어 있다가 1972년 세계 최초의 금속 활자본으로 인정받고, 2001년에는 유네스코 세계기록유산으로 등재되었죠.

우리나라가 목판과 금속 활판 인쇄술을 가장 먼저 발명했지만 인쇄술로 유명해진 나라와 인물은 독일의 요하네스 구텐베르크Jo-

외국어, 저도 잘하고 싶습니다만

hannes Gutenberg입니다. 구텐베르크는 근대 인쇄술의 창시자이자, 지식 보급 혁명의 선구자입니다. 그는 단순히 인쇄술을 발명한 것만이 아니라 인쇄술과 관련된 기술을 함께 발전시키면서 인쇄 시스템을 구축했습니다. 목판 인쇄술은 통으로 책의 한 면을 새기는 반면, 활자 인쇄술은 26개의 활자를 만들어 배열한 판에 잉크를 발라 찍어 내는 기술입니다. 구텐베르크는 이 과정의 모든 기술과 기계를 함께 만들어 냈죠. 당시 올리브나 포도주를 짜내던 압착기Press에서 아이디어를 얻어 인쇄기를 발명했습니다. 이 덕분에 종이 위에 활자가 균일하게 찍혀 나왔지요. 구텐베르크는 인쇄와 관련된 모든 부분에 상당한 노력을 기울였습니다. 활자 모형을 만들고 잉크도 개발했습니다. 인쇄물의 가독률을 높이기 위해 서체도 개발하고 글자의 크기를 조절해서 자간과 행간을 수정하며 다양한 형식으로 인쇄를 시도했습니다. 그러한 시도와 실패와 재도전으로 인쇄술은 발전되고 인쇄물의 품질도 개선되었지요.

이러한 인쇄술이 어떤 변화를 만들었을까요? 필경사가 손으로 책을 필사했을 때는 평균 2개월에 책 한 권이 나왔지만 인쇄술의 발달로 1주일에 책이 500권이나 인쇄될 수 있었습니다. 책이 널리 보급되는 동시에 수요가 폭발적으로 증가했습니다. 책을 만들어 내는 인쇄소가 여기저기 만들어졌고, 관련 산업도 발달했습니다. 책을 통한 지식은 더는 권력자와 교회에 머물 수 없었습니다. 지식과 교육을 독점했던 교회 권력층은 종교 개혁과 맞물려 무너지게 되죠. 특히 라틴어로 쓰인 성서가 각국의 자국어로 번역되고, 그 책들이 인쇄되어 보급되면서 성서를 통한 개인의 깨달음과 인식의 변화가 마련되었습니다. 구텐베르크의 발명은 오늘날의 인터넷 발명만큼 당시에 획기적이었습니다. 특권층에게 몰려 있던 지식과 정보를 대중에게 확산시키는 결정적 계기를 마련했습니다. 각국 언어로 번역된 성서는 중세 교회의 몰락을 이끌어 냈을 뿐 아니라 자국어에 대한 자부심도 자극했습니다. 또한 여러 지방 언어가 표준어로 정립되는 계기도 마련했죠. 이러한 언어통일은 중앙 집권과 국가 의식을 새롭게 부각시켰습니다.

매년 10월, 독일 프랑크푸르트 암 마인Frankfurt am Main에서 세계에서 가장 큰 도서 박람회가 열립니다. 구텐베르크가 활자 인쇄술을 발전시킨 곳이 인근 마인츠Mainz이지요. 프랑크푸르트 도서전은 출판업자, 서점 유통업자, 도서관 관련업자, 작가, 번역가, 저작권 에이전트, 인쇄업자 등 출판 관련 모든 연관 종사자들이 만나는 장소입니다. 우리의 한국작품이 수출되고 또한 세계 다양한 작품이 수입되는 과정이 이루어집니다. 전세계의 신간의 소개는 물론 작품을 소재로 한 영화나 게임같은 2차 3차 저작권에 관한 거래도 이루어집니다.

외국어, 저도 잘하고 싶습니다만

04
3개 국어쯤이야?

기준치 면적에 얼마나 많은 사람들이 모여 사는지를 결정하는 것이 인구 밀도입니다. 간단한 예로 출근 시간 회사 건물의 승강기를 상상해 보세요. 승강기가 감당할 수 있는 최대치의 사람들로 가득 차죠. 하지만 모두가 출근하고 학교로 간 아파트의 승강기 안은 한산합니다. 좁은 공간을 협력하며 나누어 써야 하는 사회 구성원들은 서로 배려하고 경쟁하며 함께 살아가는 법을 배워 갑니다. 반면에 땅덩어리가 넓은 나라의 개인들은 자신에게 집중하고 개인의 행복을 조금 더 중요시하죠.

유럽은 타 대륙에 비해 많은 국가가 옹기종기 모여 있어요. 반면 북아메리카 대륙은 미국과 캐나다가 대부분의 영토를 차지합니다. 미국과 캐나다는 같은 언어를 사용하지만 유럽대륙은 매우 다양한 언어와 인종이 국경을 맞대고 모여 있습니다. 우리는 이웃 국가를 갈 때 바다 건너 배나 비행기를 타고 가지만, 유럽은 이웃 국가를 걸어서도 오고 갈 수 있어요. 친구네 집에 놀러가듯 옆 나라를 갈 수 있으니 그들이 얼마나 가깝게 지냈겠어요.

유럽의 중심 산맥인 알프스는 스위스, 프랑스, 이탈리아, 오스트리아, 독일까지 걸쳐 있어요. 알프스를 중심으로 라이프스타일은 서로 비슷하지만 언어는 서로 다르죠. 서로 이해하고 사이좋게 지내려면 서로 말이 잘 통해야 하겠지요. 유럽 국가들은 역사를 공유하고 지역적으로 근접해 있기에 이웃나라의 언어를 배우는데 주저하지 않습니다. 프랑스, 이탈리아, 스페인, 루마니아어는 라틴 계열의 언어로 각 국가의 친구들은 같은 로망스어 계통의 언어를 매우 쉽고 빠르게 배웁니다. 마치 서울 사람이 제주도 방언을 배우는 것처럼 같은 문자를 사용하고, 매우 유사한 언어 구조로 억양을 조금씩 달리하는 것처럼 들렸어요.

유럽 국가들은 단순한 접점이 아닌 서로의 교집합이 많습니다. 프랑스의 알자스 지방처럼 프랑스였다가 하루 아침에 독일이 되기도 하고, 지형적으로 특별한 구분이 없는 나라들 간의 국경 전쟁은 늘 있었겠죠. 함께 살면서 닮아 가고 서로 싸우면서 닮아 가는 이런 역사적 교집합으로 유럽인들이 3개 국어 정도 구사하는 건 그렇게 놀랄 만한 일이 아니에요. 3개 국어를 하는 유럽인들은 그저 자신들의 필요에 의해서 구사하는 것뿐이라고 생각하죠.

외국어, 저도 잘하고 싶습니다만

자국어의 자부심이 매우 높았던 프랑스는 유럽의 다른 나라들에 비해 영어가 잘 통하지 않는 곳이기도 합니다. 영어를 무조건 프랑스어로 바꾸어 사용했지만, 이러한 자국어 자부심이 세계적인 흐름에 뒤떨어진다고 스스로 판단하여 IT 분야의 영어는 그대로 사용하자는 사회적 공론이 거세지고 있습니다. 젊은 세대는 영어 교육에 힘쓰는 반면 보수층은 순수하게 프랑스어를 고수하자고 합니다.

독일어는 프랑스어에 비해 사용하는 나라와 인구가 적지만 유럽에서는 영어 다음으로 통용되는 언어입니다. 우선 독일어가 공식어인 나라는 독일, 오스트리아, 스위스 그리고 리히텐슈타인입니다. 또한 과거 냉전시대의 영향으로 동유럽에서도 독일어가 통용되지요. 독일의 휴가문화로 독일어 통용지역은 남부 유럽으로도 확산되었습니다. 한 예로 베를린이 동서로 나뉘어 있었을 때 서베를린 시민들은 자동차를 타고 서베를린 밖으로 이동하기가 불편했습니다. 그때 저가 항공사들이 마요르카, 이비자, 그란 카나리아와 같은 스페인 섬으로 직항 항공라인을 만들었습니다. 그 지역의 관광업에 종사하는 스페인 사람들은 자연스레 독일어를 배워야 했지요. 지금은 스페인의 마요르카 섬에서 스페인어를 못해도 독일어만으로도 살아남을 수 있다는 말도 합니다.

유럽은 유럽 국가들 간의 이민자 뿐 아니라 다른 대륙에서 온

이민자도 상당히 많은데, 이는 19세기 후반 유럽 국가들의 식민지 정책 때문이기도 합니다. 영국과 프랑스는 과거 식민지 국가들과 경제·정치·문화에서 영국연방The common wealth과 프랑스는 프랑코포니Francophonie라는 연합을 유지하고 있습니다. 독일은 식민지 정책에 뒤늦게 눈을 떠 아프리카 몇 나라를 식민지로 삼았지만, 1차 세계대전 패전으로 모두 빼앗기고 말았습니다. 아시아에서는 중국 칭다오가 독일의 조차지였지요. 중국 칭다오의 맥주 축제는 당시 독일인들에게 영향을 받은 것입니다. 이러한 이유로 독일은 영국과 프랑스에 비해 아시아 거주민이 매우 적어 2차 대전 전후 복구를 위해 그리스, 이태리, 터키에서 대거의 이민을 받습니다. 우리나라도 1960년대 후반에 독일 이민이 있었고 그 모습은 영화 〈국제시장〉에 잘 표현되어 있지요.

유럽의 이민정책은 매우 이중적입니다. 값싼 노동력이 유입되는건 환영하지만, 사회적인 면에서 이질적인 문화와 종교로 인해 여러 사회 갈등과 문화충돌을 피할 수 없기 때문입니다. 최근에는 유럽연합이 동유럽을 흡수하면서 동유럽출신의 이주민을 환영하는데, 이는 비슷한 문화를 공유하는 동유럽 사람들이 사회갈등을 상대적으로 줄일수 있기 때문입니다. 또한 유럽으로 이민을 가려면 해당 국가의 언어를 반드시 구사 할 줄 알아야 합니다. 이는 유학생뿐 아니라 모든 이민자 노동자에 해당합니다. 언어가 통하지 않을 때 발생하는 사회적 비용을 줄이기 위함입니다.

외국어, 저도 잘하고 싶습니다만

05
사투리와 표준어

해외에서 지낼 때 어딘가에서 한국어가 들려오면 고개를 돌려 살펴보게 됩니다. 또한 서울 거리나 대중교통에서 제가 아는 외국어 말소리가 들리면 귀를 쫑긋하게 되고요. 서울에서 고향 친구들을 만나면 고향의 언어를 사용하면서 서로 공감대를 확인하죠. 같은 언어를 사용한다는 것은 단순히 문자 기호와 발음을 공유하는 것이 아니라 그 말에 담긴 감성과 문화를 함께하는 일입니다. 해외 생활을 하면서 외국어로 소통이 가능하다고 해도 함께하는 정서적 공감대가 형성되지 않으면 외로움이 생기기 마련이죠.

우리도 지방마다 사투리가 있습니다. 사투리도 우리말의 매우 소중한 유산이라고 생각합니다. 표준어와 차이가 심한 제주도 방언은 사전도 있습니다. 언어의 표준화도 매우 중요하지만 각 지역의 고유문화를 살리고 유지하기 위해서는 방언도 함께 유지되어야겠지요. 한번은 미국친구에게 어떤 외국어를 구사할 수 있냐고 물으니

텍사스 영어와 뉴욕 영어를 할 수 있다고 하더군요. 방언과 표준어의 차이는 국가의 지리적 면적이 넓을수록 큽니다.

　프랑스와 독일도 마찬가지예요. 동서남북의 방언은 물론이고 다민족 국가인 프랑스의 경우에는 제주도 방언만큼 이질적인 남부 프랑스어가 있어요. 지금의 프랑스어가 확고하게 자리를 잡을 수 있었던 것은 1789년 프랑스 대혁명 때문입니다. 프랑스 혁명 정신을 담은 핵심 정책을 프랑스어로 작성해 대중에게 전달해야 했습니다. 당시의 높았던 문맹률을 타파하기 위해 혁명 정부는 '하나의 국가, 하나의 국민, 하나의 언어'라는 방침을 세웠어요. 이러한 방침으로 초등 교육 법안이 마련되고 이후 전 국민에게 프랑스어로 무상 의무 교육을 실시했습니다. 공화정 체제가 확립되면서 프랑스어는 표준 공용어가 되었고, 이는 다민족 국가였던 프랑스가 중앙 집권의 단일 국가를 형성하는 데 매우 큰 공헌을 했죠.

　프랑스가 언어의 순수성과 단일성을 고수하려는 데는 역사적인 이유가 있어요. 선사시대부터 여러 민족이 각자의 문화와 언어를 유지하면서 살았기에 드넓은 나라를 통치하기 위해서는 정치적 구심점이 필요했습니다. 그럼에도 수많은 대립과 갈등 끝에 다양성을 수용해야 한다는 것도 깨달았습니다. 프랑스는 통일된 언어 정책과 더불어 방언에 대한 기준도 잡았습니다. 일반적으로 방언이라고 하면 표준어와 대비하여 조금은 열등한 언어라고 여겼던 인식

　　　　　　　　　外国語, 저도 잘하고 싶습니다만

을 개선하기 시작했습니다. 이러한 노력 덕분에 프랑스 국민은 지역 방언을 문화 정체성이 확실한 언어의 한 줄기로 생각합니다. 브르타뉴 지방의 브르통어, 이베리아 토착민의 언어인 바스크어, 독일어 계통의 알자스어, 이탈리아 계통의 코르시카어, 스페인 계통의 카달랑어, 네덜란드 계통의 플라망어 등이 있는데, 프랑스의 고등 교육에서 12개의 외국어 과목 대신에 이러한 지방 언어를 선택할 수도 있죠.

프랑스가 중앙 정치 체제를 선택 한 것과 달리 독일은 계속적으로 지방 분권 체제를 유지했습니다. 독일을 여행하다 보면 지방색이 강하게 나는 이유예요. 언어도 관습과 풍습도 독특하게 그대로 유지되어 있지요. 독일이 처음으로 통일된 국가를 세운 것은 미국의 남북 전쟁이 있을 무렵인 1861년입니다. 다른 이웃 유럽 국가들이 안정된 중앙 집권으로 산업 혁명과 식민지 개척을 활발하게 이루었던 시기였습니다.

독일인들은 "나는 독일인이다" 보다는 "나는 어디 지방 출신이다"를 더 자연스럽게 생각해요. 또한 자신의 출신 지역 지방색을 드러내고 방언을 사용하는 데도 거리낌이 없죠. 특히 독일 북부와 남부 사이에는 묘한 지역감정이 아직도 남아 있습니다. 춥고 습하고 우중충한 날씨의 북부 사람들은 무뚝뚝하고 침착하고 냉정한 반면, 날씨가 좋고 화창해 풍족하게 농사를 짓던 남부 사람들은 여유롭고 상대적으로 융통성도 있으며, 인간적인 감정을 잘 드러내죠. 북부는 자기 절제와 엄격함을 강조하는 신교도, 즉 마르틴 루터의 종교 개혁으로 성립한 기독교가 우세하고, 남부는 술과 담배와 세속적인 욕망을 인정하는 가톨릭이 우세합니다.

표준 공통 독일어의 시작점은 마르틴 루터가 1517년 95개 조의 반박문을 발표하고, 1522년 독일어 성서를 번역한 것입니다. 구텐베르크의 인쇄술 발명으로 라틴어가 권력어의 자리를 빼앗기고 하급민의 언어로 여겨졌던 게르만어가 통일 독일어의 발판이 되었죠. 산업 혁명과 시민 사회가 만들어지는 18세기에서 19세기까지 독일 문학이 급속도로 발전했습니다. 이와 더불어 출판업과 공연 등 저변 산업 또한 발달하면서 글말뿐 아니라 입말도 통일되어 정리되기 시작했습니다. 독일은 연방 체제를 유지하며 지방특색을 잘 유지하고 있지만 모든 공공 기관과 공교육에서는 표준 독일어hoch deutsch를 사용합니다.

프랑스와 독일은 자국의 언어를 알리고 이를 배우고자 하는 사람들에게 표준어를 보급하기 위해 프랑스는 알리앙스 프랑세즈Alliance Française를, 독일은 독일문화원Goethe-Institut을 운영하고 있습니다.

외국어, 저도 잘하고 싶습니다만

1883년 설립된 알리앙스 프랑세즈는 현재 136개국, 919개의 현지 법인 단체를 아우르는 광범위한 조직망을 형성하고 있어요. 매년 전 세계의 50만 명이 넘는 학생들이 프랑스어를 배우고 있습니다. 이곳에서는 프랑스어 강의는 물론 프랑스와 프랑스문화권 국가들의 전반적인 문화를 배울 수 있습니다. 우리나라에는 서울, 부산, 광주, 대전, 전주, 인천, 대구에서 찾아 볼 수 있어요. 프랑스어 공인 시험인 DELF 와 DALF 등을 이곳에서 실시하고 있습니다.

1952년 뮌헨에 설립된 괴테 인스티튜드Goethe-Institut는 독일어와 독일문화를 보급하고 지원하는데 설립 목표를 두고 다양한 문화 활동을 전개하고 있습니다. 다양한 문화 세미나는 물론 어학 강좌와 독일어학 증명시험 ZD 등을 진행하고 있지요. 독일문화원 괴테 인스티튜드 서울은 남산 도서관 맞은편에 있어요. 그곳에서 독일국제학교의 각종 행사나 영화·학술 세미나 또는 강연과 같은 문화 행사도 열리고 있습니다.

06
형제의 나라 독일과 프랑스

외국에 머물면서 가장 자주 들었던 질문은 "어디에서 왔어요?" 였습니다. 제가 거주하던 동네 주민들과 직장 동료들은 이런 질문을 하지 않죠. 이런 질문은 출장이나 여행으로 혼자만의 시간을 보낼 때 자주 받곤 합니다. 저의 매너와 발음이 전형적인 한국인 같지 않을 뿐더러 다른 아시아 국적의 사람 같지도 않았고, 또한 저의 외국어 발음은 한국어, 프랑스어, 독일어, 영어 억양이 혼합된 그야말로 제 멋대로 발음이기 때문이지요. 그들은 저를 통해 한국의 어떤 모습을 보았을까요?

국민성 또는 국가 이미지는 자신들의 나라에 있을 때는 잘 인식되지 않지요. 우리와 다른 문화를 가진 사람과 함께 있을 때 우리 문화를 비추어 볼 수 있어요. 해외에 나가면 모두가 국가 대표고 애국자가 된다는 농담 아닌 농담을 합니다. 이는 우리나라 국민성의 단면이기도 합니다. 체면과 예의를 중시하고, 개인의 자질과 능력

외국어, 저도 잘하고 싶습니다만

보다는 소속감을 조금 더 가치 있게 생각하니까요. 해외에 거주 했을 때 외국 사람이 우리나라를 비판하거나 비난할 때면 제 개인의 성격적 결함이나 실수가 아님에도 불구하고 방어적인 태도로 나오곤 했죠. 이성보다는 감성이 작동하여 우리 문화와 정치를 옹호했어요. 저의 이러한 방어적인 태도가 늘 보편적으로 이해되는 것은 아니었어요. 특히 독일 사람들은 'A는 A이다'라는 팩트에 초점을 맞추기 때문에 지나치게 감성적으로 접근하면 소통을 더욱 어렵게 할 수도 있어요. 프랑스는 그래도 이성과 감성 코드가 유연하고 다양하며, 독특한 개성을 존중하기 때문에 프랑스에 있는 동안은 어디를 가나 대화를 유쾌하게 잘 했던 것으로 기억해요.

제가 가진 독일과 프랑스의 이미지는 개인적인 경험에 근거하기에 보편적인 이미지로 받아들이기에는 오해가 있을 수 있죠. 누군가를 함부로 판단하는 것은 상대와의 관계를 '거기까지'라고 선을 긋고 발전할 수 있는 가능성의 문을 닫는 거라 생각해요. 그래서 상대는 늘 앞으로 갈수도 뒤로 갈수도 있다는 열린 마음으로 관계를 만들어 가려 노력하죠. 그럼에도 내가 보는 눈이 남과 다르지 않다는 것을 인식할 때가 있어요.

"너도 그렇게 느끼니?" "응, 나도."

"너도 그렇게 생각했구나." "어머, 나도 너랑 같은 생각이야."

이런 공감들이 모여서 보편적인 이미지를 만들어 내지만, 이러한 보편성은 차별과 배제의 편견으로 작용될 수도 있어요. 그래서 한 나라의 총체적인 이미지와 보편성을 논할 때 조심스레 다가가지요. 그럼에도 독일과 프랑스는 서로가 서로를 바라보는 모습이 너무나도 다르기에 그들 간의 논쟁은 강 건너 불구경하듯 재미나기도 해요. 프랑스와 독일은 길 하나를 두고 이웃하고 있지요. 오늘날은 유럽 연합이라는 거대한 경제 공동체를 형성하여 서로 협력하지만 통시적 관점에서 이들의 모습은 처음부터 지금까지 참으로 서로 다른 모습을 보입니다.

프랑스는 라틴어, 켈트족, 아담한 체구, 까무잡잡한 피부, 갈색 머리, 다양성, 개성 존중, 외향적, 말 많음, 독특함, 지중해와 태양, 자유 영혼, 패션, 예술, 포도주, 치즈, 중앙 집권 등으로 표현한다면, 이와 반대에 있는 말들을 찾아 독일에 적용하면 그게 바로 독일의 특성이 됩니다. 게르만어, 게르만족, 건장한 체구, 하얀 피부, 금발, 동조, 내향적, 침묵, 밋밋함, 숲과 산의 나라, 매뉴얼, 실용성, 문학과 철학, 맥주, 소시지, 지방 분권 등으로 표현될 수 있어요.

프랑스와 독일은 한 때 같은 나라였습니다. 여러 각도로 보면 이 둘은 형제의 나라라고 칭할 수도 있겠지요. 하지만 한 국가의 구성원이었던 각 민족의 기질이 애초부터 많이 달랐어요. 프랑스는 농사를 짓는 켈트족이었고, 독일은 사냥을 하는 게르만족이었죠. 켈트족은 농사에 적합한 기후와 땅을 찾아 프랑스 쪽으로 이동을 했어요. 그 즈음 로마가 프랑스와 영국으로 세력을 확장하고 라인 강

외국어, 저도 잘하고 싶습니다만

을 넘어 게르만족이 살던 지역까지 영토를 넓히려 했습니다. 하지만 로마는 라인강을 기준으로 영토확장을 중단했죠. 게르만족은 세련된 로마문명의 영향을 거의 받지 않고 자신들이 살던 모습대로 살게 됩니다. 당시 게르만의 이미지는 로마문명에 비해 원시적이고 야생적이었습니다. 게르만과 연관된 거친 이미지는 이 무렵 형성되었지요.

로마의 영광도 한때, 세력이 약해질 무렵 로마는 군대를 강화하기 위해 강건하고 사냥에 능한 게르만족을 군인으로 많이 채용합니다. 그리고 게르만족 보다 더 난폭하고 침략을 일삼던 훈족이 게르만족의 영토를 침략해요. 이때 게르만족들이 우르르 남쪽으로 이동합니다. 게르만족이 훈족을 피해 여러 지역으로 분산하여 이주하고 또한 로마의 군대를 서서히 장악하면서 게르만족은 몰락한 서로마제국의 새로운 주인으로 등장합니다. 라인 강 주변 프랑크Franc의 마지막 왕이 죽고 그의 아들 세 명이 나라를 셋으로 나누어 통치합니다. 큰형도 죽고 큰형이 지배하던 왕국은 다툼 없이 동생 둘이 사이좋게 나눕니다. 라인 강을 기준으로 서쪽은 막내가, 동쪽은 둘째가 차지하면서 서쪽은 프랑스, 동쪽은 독일의 바탕이 되죠. 그리고 두 형제는 각각의 나라를 독립국으로 만들자는 조약을 체결합니다. 그것이 베르됭 조약Treaty of Verdun입니다. 이 조약에 대해 두 나라의 관점이 매우 다릅니다. 프랑스는 프랑크 왕국이 세워진 477년을 프랑스의 시작이라고 하고, 베르됭 조약이 체결된 843년에 독일이 프랑크 왕국에서 분리되어 나갔다고 주장해요. 독일은 이와 정반대로 생각하죠. 각자의 관점에 따라 서로 다른 기준으로 역사를 서술하지만 독일과 프랑스, 프랑스와 독일은 비슷한 듯 너무 다른 형제의 나라였던 것은 부인할 수 없는 사실이지요.

프랑스와 독일은 지형과 기후 또한 다르기에 나오는 식문화도 다릅니다. 프랑스하면 와인과 치즈, 독일하면 맥주와 소시지로 표현되지요. 프랑스의 아침 식사는 주로 단 음식 위주고, 독일 아침 식사는 짭짤한 음식 위주입니다. 프랑스는 평지의 온화한 기후덕분에 먹거리가 다양하고 풍요했던 반면, 독일의 땅은 농사하기에는 척박했지요. 프랑스는 다양한 코스 요리로 유명합니다. 이들은 대화하기 위해 먹고 또한 먹기 위해 대화합니다. 반면 척박한 땅에서 사냥을 하던 독일은 덩어리 고기 요리를 좋아했고 겨울을 대비한 육식 가공 저장법이 발달했습니다. 또한 1970~80년대 환경문제를 심각하게 겪었던 독일은 여러 접시를 사용하는 코스 요리보다는 한 접시에 모든 것을 담아 먹자는 설거지 줄이기 운동도 있었습니다. 맛과 풍미냐, 실용과 현실이냐가 각 나라 문화의 한 단면을 또한 보여줍니다.

외국어, 저도 잘하고 싶습니다만

07
자유 영혼과 시스템

동아시아 사람들은 서로 유사한 문화를 공유하기에 외국에 나가서도 중국이나 일본 친구들과 어울리기 쉽죠. 하지만 프랑스와 독일의 기질을 비교할 때면 이 둘 사이에 친구가 가능할까 싶을 정도입니다. 프랑스 여자와 독일 남자, 독일 여자와 프랑스 남자로 이루어진 로맨틱 코미디 영화나 드라마도 단골로 만들어집니다. 그만큼 기질이 다르기에 드라마틱한 요소도 많겠지요.

'톨레랑스tolerance'는 프랑스를 대표하는 정신입니다. 사전적인 의미로는 '관용 · 인내 · 참음'으로 해석되지만 이면에는 프랑스의 모든 정신이 포함되어 있어요. 프랑스는 타인의 시선에서 매우 자유롭죠. 내가 타인을 방해하고 피해를 주지 않는 한 내가 무엇을 하든 누구도 상관할 수 없다는 것입니다. 나의 행동이 타인의 기준에 맞건 맞지 않건 전혀 상관없죠. 프랑스에 가서 가장 많이 듣고 빨리 배운 표현이 'Je m'en fou, Ça m'est égal'이었습니다. '상관없어.

뭘 하든 신경 안 써'라는 말입니다. 프랑스에서는 이 말이 '네가 뭘 하든 관심이 하나도 없거든'이 아니라 '네가 뭘 하든 너의 선택이니까 나는 너의 선택을 존중해. 네가 알아서 선택하고 책임져. 네 인생 네가 사는 거잖아'와 같은 말이죠. 서로 간섭하지 않는 개인주의는 타인에 대한 존중이 바탕에 깔려 있지만 공동체의 결속력이 해체되는 문제를 가져오기도 합니다.

프랑스인은 각자의 개성과 독특한 감각을 인정하기에 타인과 비교하는 것을 거부하죠. 유행을 따르기 보다는 남들과 조금 다른 자신만의 성향을 찾고 드러내려 합니다. 교육은 자유로운 사고방식을 인정하며, 자신의 사고방식을 합당한 근거에 따라 표현하는 데 초점이 맞추어져 있죠. 뚜렷하게 자신의 주장을 밝히고, 논리적으로 설명하고 토론하는 것을 매우 중시합니다.

자신의 생각과 의견과 개성을 드러내는 데 거리낌이 없는 프랑스 사람들은 어디든 모이면 스스럼없이 대화하고 토론을 즐깁니다. 이런 모습이 가끔은 수다쟁이라고 여겨질 정도로 끊임없이 말소리가 밀려옵니다. 프랑스의 자유영혼은 대화와 토론뿐만이 아니라 패션과 예술로도 잘 드러납니다. 패션의 제조와 소비가 아시아로 방향이 바뀌고 있다고는 해도 자유분방한 사고방식으로 표현되는 패션 감성의 트렌드는 여전히 프랑스와 이탈리아를 중심으로 한 유럽이 주도권을 쥐고 있죠.

프랑스의 톨레랑스는 누구나 자유롭게 자신의 방식과 신념을 표현할 수 있다는 관용적인 태도입니다. 여기에는 '모두가 유일하며 다르다'는 다양성과 '누구나'라는 평등주의, 그리고 '자유롭게'라는 자유주의가 내제되어 있어요. 나의 자유가 소중하듯 타인의 자유도 소중하다는 것을 인정하고, 내 판단의 기준은 오직 나의 기준일 뿐 타인이 나의 기준과 가치를 동의하지 않거나 거부할 수도 있다는 열린 태도입니다. 이는 타인의 태도를 관용적으로 수용하는 정신이지만 이는 나의 자유를 보장받기 위한 또 하나의 전제 조건입니다. 개인의 자유 보장을 최우선으로 여기기에 나의 자유를 간섭받지 않기 위해서는 타인의 자유 또한 인정해야 하죠. 프랑스가 역사적으로 다민족 국가이기도 하지만, 종교 개혁 이후 독일과의 30년에 걸친 전쟁과 100년간 신교와 구교의 종교 내란인 위그노 전쟁을 겪고 나서야 얻어낸 가치입니다. 프랑스 혁명이 내세우는 '자유, 평등, 박애'라는 슬로건 또한 톨레랑스의 또 다른 표현이라고 할 수 있죠.

프랑스가 개인의 자유를 우선으로 삼는다면 독일은 시스템 안의 안정과 질서를 우선시합니다. 독일에 대해 이야기를 할 때 결론은 늘 시스템의 승리라는 말로 매듭지어집니다. 만들어 놓은 시스템을 유지하고 관리하는 것이 독일인의 일상이라고 해도 무리가 없죠. 시스템의 틀 안에서 경직되고 답답하다는 평을 듣기도 하지만, 그들은 자신의 역할을 충실히 할 때 스스로 지키고자 하는 시스템이 잘 돌아간다는 책임감이 있죠. 그래서 독일에서는 신나고 자유로운 느낌보다는 안정되고 묵직한, 때로는 답답한 느낌입니다.

독일 사람들은 시스템을 유지하기 위해 지키기로 한 사회적인 합의는 반드시 지키고 이행하려 애씁니다. 시스템을 만들기 위해 여러 의견을 모아 합의점이 나오면 더 이상의 토론과 반론은 뒤로 하고 합의점을 밀고 나가요. '독일 전차' 답지요. 선로를 벗어나지 않고 목적지만을 향해 달리는 기차와 같은 모습이 독일인들의 추진력을 잘 보여 줍니다.

독일의 시스템적인 사고방식은 정리 정돈에서부터 시작합니다. 독일에서 흔히 쓰이는 인사말 중에 'Alles in ordung?(잘 지내니?/별일 없지?)'라는 가벼운 인사말이 있습니다. 이 말을 직역하면 '모든 것이 순서대로 있지?', '다 제자리에 있지?', '모두 다 정리된 상태지?'라는 뜻이에요. 독일인에게는 모든 것이 있어야 할 자리에 있을 때 안정되고 편하다는 뜻이죠. 시스템 속에서 모든 것이 자신의 자리를 유지하고 맞물려 작동될 때 개인과 단체와 사회가 안정적으로 돌아간다고 여깁니다. 독일 유치원에 들어가면 가장 먼저 배우는 것이 정리 정돈이에요. 등원 첫날 신발장, 가방걸이, 사물함이 배정되고 스스로 자신의 물건을 정리해야 합니다. 초등학교에서도 마찬가지예요. 정리 정돈을 넘어 공책 정리가 학교 성적과 인성 평가에 반영됩니다.

　　　　　　　　　외국어, 저도 잘하고 싶습니다만

IV

소통을
위한
외국어

너 자신을 알라.

– 소크라테스

고대 그리스 철학자 소크라테스가 우리에게 남기고 간 명언입니다. 정확히 말하자면 이는 델포이 신전 기둥에 새겨진 문장입니다. 이것을 소크라테스가 인용했는지, 아니면 소크라테스가 한 말을 새겨 넣었는지 정확히 알려지지는 않았습니다. 이 문장은 너무나 자주 사용되어 인용하기 식상할 정도지만, 저에게는 이것이 삶의 모토이자 궁극적인 목표입니다.

사자 성어로도 같은 맥락의 표현이 있습니다. 자기반성(自己反省), 내시반청(内視反聽), 자아성찰(自我省察), 자기분석(自己分析), 지과필개(知過必改). 이는 모두 자신을 되돌아보고 무엇을 잘하는지 무엇을 잘 못하는지 생각하고 반성하여 스스로 배우고 깨우치라는 의미이지요.

우리는 아무것도 모르고 태어나 많은 것을 배워 깨닫고 돌아갑니다. 학교의 교과목과 특정 지식만이 배움이 아니라 살아가는 법과 그렇게 사는 과정 모두가 배움이 아닐까요? 구전과 기억에 의존하던 고대 아프리카 사회에서는 노인 한 명이 죽으면 도서관 하나가 사라지는 것으로 여겼습니다. 결국 배움이란 자신을 알아가는 과정, 나의 존재를 배

외국어, 저도 잘하고 싶습니다만

움을 통해 확인하고, 거기에 스스로 가치와 의미를 만들어 가는 과정이라고 생각합니다. 그리고 책과 체험을 통해 배우다 보면 스스로 자신이 무엇을 잘하고 못하는지, 무엇이 부족하고 과한지 자신을 만들어 가기 위한 깨달음이 얻어진다고 믿어요. 외국어를 배우면서 제가 어떤 사람인지 무엇을 못하고 무엇을 잘하는지 무엇을 좋아하고 무엇을 싫어하는지 알게 되었어요. 그 덕분에 많은 선택 앞에서 제 자신을 위해 조금은 더 만족스럽고 보람된 길을 택할 수 있었던 것 같아요. 이는 단지 배움의 대상이 외국어이기 때문만은 아닐 것입니다. 무엇을 배우고 시도하든 그 속에서 얻는 것은 '나' 자신에 대한 배움이라고 생각합니다. 모르는 것을 배우고 자신 없던 무엇인가를 극복하는 순간 어떤 일도 해낼 수 있다는 용기가 생깁니다. 이러한 용기로 또다시 새로운 일에 적극적으로 도전할 수 있지요.

외국어는 배움입니다. 배워야만 할 수 있는 일종의 기술입니다. 운동을 하거나 공예품을 만들거나 이 모든 배움에는 기술이 필요하죠. 기술을 배운다고 생각하니 속성 과정과 특별지도가 있을 법도 합니다만, 외국어는 많은 시간과 노력이 꾸준하게 투입되어야 얻어지는 기술입니다. 외국어를 배우고자 할 때는 조금 긴 호흡이 필요합니다. 100미터 달리기를 뛰는 속도로 마라톤 42.195킬로미터를 달릴 수는 없습니다. 단거리 선수들처럼 단시간에 최고의 스피드를 만들어내는 굵은 허벅지도 필요 없습니다. 지치지 않는 인내력과 끈기가 필요하지요.

외국어를 잘하고 싶으면 가장 우선 자신이 무엇을 잘하는지, 그리고 무엇을 못하는지 파악해야 합니다. 자신이 서 있는 자리가 어디 인지 알아야 뛰든 걷든 할 테니까요. 어학은 듣기, 말하기, 읽기, 쓰기의 네 기둥이 같은 높이로 세워져야 합니다. 저는 학습할 때 못하는 것은 좀 제쳐두고 스스로 잘한다고 여기는 것부터, 재밌는 것부터 해요. 머리와 마음을 긍정적으로 물들인 후에 잘 못하는 부분을 하죠. 자신 있는 부분으로 가볍게 시작해서 못하는 부분을 끈기있게 반복합니다.

언어는 의미를 담아내는 틀입니다. 그리고 그 틀이 어떻게 구성되느냐에 따라 의미가 통하기도, 통하지 않기도 합니다. 언어의 틀이 올바르게 잡혀야 하지요. 언어의 틀이 곧 문법입니다. 문법은 언어를 사용하는 공동체의 습관입니다. 그들이 그렇게 말하니까 그들처럼 말하기 위해서는 그렇게 하는 거죠. 문법에는 '왜'가 필요하지 않아요.

발음은 문법과 마찬가지로 언어사용공동체가 말하는 소리 법을 말하죠. 하지만 모든 사람들이 기계처럼 똑같이 말하지는 않잖아요. 발음에 대한 고민은 정말 나중에 아주 말을 술술 잘 하게 될 때 해도 괜찮을 것 같아요. 원어민 강사들의 듣기 좋은 발음과 자신의 발음을 비교하면서 낙담할 필요가 없어요. 우리도 모국어 할 때 TV 아나운서처럼 모두 정확하게 발음하지 않잖아요. 막상 외국에 나가면 원어민 선생님처럼 깔끔하고 정확하게 말하는 사람이 거의 없어요. 또한 영어가 세계 공용어이기에 전 세계 각국의 발음이 묻어나는 영어를 훨씬 더 많

외국어, 저도 잘하고 싶습니다만

이 접하게 됩니다. 우리말 억양이 묻어나는 외국어를 한다고 주눅들 필요도 없고요. 오히려 한국어 억양은 자신의 정체성을 드러내는 자랑스러운 발음입니다. 누군가 여러분의 발음을 지적한다면 그분은 분명 한국 사람일 거예요. 그리고 그분 역시나 아마도 같은 억양으로 비슷하게 발음하실 테고요.

이번에는 외국어를 언어의 관점에서 둘러보고 우리에게 왜 이리도 높은 심리적 장벽이 세워졌는지, 어떻게 하면 그 장벽에서 벽돌을 하나둘씩 제거할 수 있는지 이야기해 보기로 해요. 그리고 제가 택했던 학습법을 제안해봅니다. 하지만 잊지 마세요. 학습법은 결국 자신이 그 방법을 실행 했을 때만 좋고 나쁨을 알 수 있어요. 제가 제시한 학습법 외에도 수많은 학습법들이 이미 나와 있습니다. 이 방법들은 각각의 저자가 체험하여 효과를 본 방법들입니다. 하지만 여러분은 제가 아니고 저도 여러분이 아닙니다. 그러니 제시된 학습법들을 실행해 보고, 자신에게 적합한 방법을 찾기 바랍니다. 해보지 않으면 절대 알 수 없으니까요!

01
하나의 인류 · 하나의 언어

　1974년 11월 아프리카 에티오피아의 아파르 삼각지대에 화석 탐색대가 인류의 기원을 찾고 있습니다. 이들의 무료한 탐색작업을 비틀즈의 〈Lucy in the sky with Diamonds〉가 위로해 주고 있네요. 그때 바로 수백 개의 뼛조각이 발견됩니다. 이 뼛조각은 한 사람의 것으로 밝혀지고 골반 뼈와 엉덩이뼈를 분석한 결과 여자라고 추정되었습니다. 그렇게 발견된 최초의 인류 화석에 흘러나오던 노래 가사 속의 루시Lucy라는 이름이 붙여집니다.

　인류의 기원을 바라보는 두 가지 시점인 창조론과 진화론에서 창조론이 지배하던 세상에 과학과 합리와 이성으로 무장한 진화론이 등장했습니다. 진화론은 적자생존과 돌연변이, 그리고 여러 화석들을 토대로 인간이 동물에서 진화했다고 주장합니다. 화석 루시도 진화론을 뒷받침해 주지요. 창조론은 신이 흙으로 자신의 형상을 만들고, 거기에 숨을 불어 넣어 인간을 창조했으며, 그때 신이

　　　　　　　　　　외국어, 저도 잘하고 싶습니다만

인간에게 신처럼 말할 수 있는 능력을 선사했다고 설명합니다. 신이 인간에게만 내려준 언어사용능력으로 인간이 동물보다 우월하게 자연을 지배하고 관할하는 권한 또한 받았다고 하지요. 반면, 진화론은 점차적인 두뇌의 진화덕분에 인간이 언어를 마침내 사용하게 되었다고 설명합니다. 동물에서 진화한 인간이 직립보행과 사회생활을 시작하면서 함께 생존하고 협력하기 위해 언어가 발생했다고 설명하지요.

극명하게 상반된 창조론과 진화론에는 공통점이 있습니다. 바로 인간의 언어능력입니다. 언어야말로 인간과 동물을 구별하는 가장 큰 특징입니다. 동물은 본능에 따라 살아가고 힘으로 지배하려 합니다. 인간은 때로는 협력하고 때로는 경쟁하면서 말과 글로 생존의 법칙을 만들어 함께 살아가지요. 동물의 소리는 생존을 위한 단편적인 수단이지만 인간의 언어는 생각과 세상을 재창조하는 도구입니다.

인간의 생각을 만들어 내고 구체화 하는 것이 언어입니다. 언어덕분에 우리는 보이지 않고 존재하지 않는 세계에 대해 상상할 수 있어요. 이를 상징추상능력 또는 상징추론능력이라고 해요. 말만 어려울 뿐 뜻은 쉬워요. 여러분도 일어나지 않은 일을 미리 상상해 본 적이 있을테죠. 수많은 추상적인 의미들은 우리 눈에 보이지 않지만 머리에는 존재합니다. 만질 수 없는 느낌이라는 것도 우리 안에 분명 있고요. 언어를 사용하기에 우리 내면에 존재하는 것을 언어로 표현하고 의미를 부여하고 이야기를 엮어냅니다. 일어나지도 않고 현존하지 않은 것들을 상상하는 능력은 어떻게 생긴 걸까요?

이는 상대와 소통하고자 하는 사회적 본능 때문입니다. 보이지 않는 상대의 마음을 알고 싶다는 욕구! 이것이 인간관계의 시작이자 근원입니다. 초기 인류가 생존하려면 거친 자연환경을 극복하고 힘센 동물을 이겨야 했습니다. 그러기 위해서는 상대와 반드시 협력해야 했지요. 협력은 너와 나의 생각이 오고가야 가능합니다. 상대의 생각을 읽고 마음을 이해하고 정보를 교환하고 감정을 곰감해야 했죠. 협력은 이러한 소통없이 불가능했습니다. 그렇게 시작된 언어소통은 인간의 희로애락을 더욱 풍부하게 만들며 상상력을 무한대로 자극했습니다. 최초의 언어는 즉각적인 욕구를 해결하는데 필요한 말소리와 몸짓이었을 것입니다. 이는 마치 말이 통하지 않는 외국인과 몸짓 발짓 눈짓으로 소통하려는 모습과 비슷했을 거예요.

최초의 인류 루시는 여자로 밝혀졌어요. 그렇다면 분명 남자도 있었겠죠. 단지 그것을 증명하는 화석이 함께 발견되지 않았을 뿐입니다. 직접적인 증거가 없다고 해서 사실관계가 성립되지 않는 것은 아니니까요. 그렇다면 루시와 루시의 남자는 서로 어떻게 소통했을까요? 이 둘은 분명 같은 언어를 사용하고 그들의 자녀도 손자도 같은 언어를 사용했겠죠. 루시가 살았다고 여겨진 시점에서

외국어, 저도 잘하고 싶습니다만

오늘날까지 약 318만 년이 지났습니다. 전 세계 인구는 약 76억 명으로 늘었고 그들이 사용하는 언어는 약 6,000여 개에 달합니다. 도대체 그동안 어떤 일이 벌어진 걸까요?

　루시는 서양어권에서 자주 사용되는 여자 이름입니다. 라틴어에서 유래한 많은 단어들은 라틴어의 원뜻을 알면 꼬리에 꼬리를 물 듯 많은 단어를 유추할 수 있어요. Lucy는 영어 단어 Lucid에서 유래했습니다. Lucid는 라틴어 lucidus '빛나는, 반짝이는, 맑은'에서 파생되었어요. 같은 라틴어 어근으로 lucere '빛이 나는 것'이라는 단어들이 있습니다. 여기에서 L이 빛의 뜻과 관련되었다고 추측할 수 있죠. light 빛, luxus 사치, lucida 성좌 중에서 가장 빛나는 별, lux 빛의 세기를 측정하는 단위도 여기에 해당됩니다. 어휘를 확장하는 방법으로 라틴어에서 유래된 접두어와 접미사를 기준으로 단어를 분류하는 것은 어휘를 확장하는 방법 중에 하나입니다. 이러한 어휘집들을 시중에서 쉽게 구할 수 있고요. 하지만 이러한 확장 방법은 중급이상의 배움이 있는 분들께 추천합니다. 처음부터 분류법을 따라 단어를 확장하면 단어의 사용빈도와 중요성을 파악하지 못한 채 단순 암기로 시간을 낭비할 수도 있고 라틴어어원에 근거한 단어들에는 잘 사용하지 않는 전문용어도 제법 많기 때문이에요.

02
생존의 도구, 도끼와 언어

인류가 진화하면서 각 단계의 진화 특징에 따라 붙은 학명들이 있습니다. 그중에서 인류를 인류답게 만든 매우 결정적 특징인 언어와 연관된 학명들이 있습니다. 손을 사용하는 호모 하빌리스Homo habilis, 직립보행의 호모 에렉투스homo erectus, 도구를 사용하는 호모 파베르homo faber, 언어를 사용하는 호모 로퀘엔스Homo loquens 그리고 오늘날 우리를 말하는 호모 사피엔스homo sapiens입니다. 호모 하빌리스는 손으로 무엇인가를 할 수 있는 인류를 말해요. 라틴어 habilis는 '다루기 쉬운, 손쉬운, 편리한'이란 뜻과 '재능 있는, 능력 있는'이란 뜻이 있어요. 영어 단어 handy와 able의 뜻입니다. 인류가 직립 보행하기 전에 앞발이라고 여겨진 지금의 우리 두 손으로 무엇인가를 다룰 수 있었던 인류의 조상이죠. 다음으로는 호모 에렉투스입니다. 라틴어 erectus는 '우뚝 세워진, 우뚝 솟은, 높은, 콧대 높은, 거만한'이라는 뜻이에요. 네 발로 기어 다니다가 허리를 세우고 다니니 얼마나 커 보였겠어요. 호모 사피엔스

외국어, 저도 잘하고 싶습니다만

는 단순히 지식을 넘어 지혜를 찾는 현명한 인류를 말합니다. 정보와 지식의 체계를 넘어 도덕을 추구하는 인류를 뜻하기도 하고요.

　인류가 직립 보행을 한 이후 두 손이 자유로워지면서 도구를 사용하게 되었죠. 도구 사용이 시작될 무렵 기록 문자도 사용되었다고 합니다. 이를 증명하는 것은 여러 지역에서 비슷한 도구가 약간의 시차를 두고 발생했다는 사실입니다. 이 시차는 입에서 입으로 전달하는 방식으로는 도달할 수 없는 시간상의 거리라고 합니다. 문자로 기록된 정보는 구전으로 전달되는 정보보다 정확하고 빠르죠. 인류가 문자를 사용하기 시작한 후 정보는 정확해지고 전파 속도는 빨라지고 전파 범위도 확산됩니다. 새로운 도구가 발명되면서 인류는 자연 환경을 극복하고 이용하면서 인류는 똑똑하게 진화 발전했지요. 물질 도구를 개발하고 사용한 호모 파베르와 추상적인 세계와 지혜의 세계에 발을 내딛었다는 호모 사피엔스는 인류가 언어를 사용하였기에 가능했습니다.

　인류 초기에 도끼와 망치는 사냥과 전쟁의 도구였습니다. 말과 글은 사냥감의 위치, 사냥법, 도끼를 만드는 법, 도끼 사용법처럼 눈에 보이지 않는 정보를 전달하는 도구였습니다. 도끼와 망치를 잘 사용하면 사냥을 잘할 수 있었고, 말이라는 도구를 잘 사용하면 무리 집단에서 자신의 이익과 집단의 협력을 이끌어 낼 수 있었습니다. 인류가 이렇게 물질과 비물질 도구를 동시에 사용하면서부터

문명은 발달하고 기록 역사와 개별 문화가 발생하기 시작합니다.

　인류의 조상은 같은 뿌리에서 시작되었는데 사용하는 언어는 어떤 이유로 제 각각일까요? 인류의 생김새는 환경에 따라 진화·발전·변화했다고 해도 언어까지 지역에 따라 다른 이유가 무엇일까요? 또한 초기 인류가 같은 언어를 사용했다면 전 세계 언어 간에는 어딘가 공통점이 있지 않을까요? 많은 언어학자들은 초기 인류가 같은 언어를 사용했을 거라 강하게 추측합니다. 자연계에서 신체적으로 매우 약한 인류가 이동하며 사냥 생활을 하려면 빠르고 확실한 의사소통이 필요했을 것입니다. '도망가', '저기 멧돼지다', '잡아', '옆으로 숨어', '저리로 달려가'처럼 긴박한 상황에서 서로 말이 통하지 않으면 생명을 잃을 수도 있으니까요. 인류가 도구를 발명하여 사용하기 시작한 이후 도구가 정교하고 섬세해지는 만큼 사용하는 언어도 발맞추어 발달했을 것입니다.

　사냥과 채집 생활을 하던 초기 인류는 다양한 도구의 발명이 불러온 생활의 편리함으로 정착생활을 하게 됩니다. 씨족사회 안에서 일을 분담하고 먹을거리를 분배하며 도구와 언어는 더욱 발달하게 되죠. 또한 인간본성인 경쟁심과 승부욕이 강해지면서 세력다툼이 일어나고, 독립하는 집단도 발생하여 씨족사회는 분리됩니다. 분리된 씨족사회는 새로운 곳으로 이동하면서 언어의 변화도 자연스럽게 일어나게 되었다고 하지요.

　　　　　　　　　　　외국어, 저도 잘하고 싶습니다만

기독교 문화에서는 같은 언어를 사용하던 인류가 오늘날의 다양한 언어를 사용하게 된 이유를 성서의 바벨탑 사건에서 찾습니다. 바벨탑 이야기는 노아의 방주에서부터 시작됩니다. 신의 은총을 받고 행복하게 살던 인간은 신이 하지 말라는 행동을 계속 합니다. 신의 경고에도 불구하고 뉘우침 없이 죄를 계속지어 신이 '대홍수'로 인간의 죄를 벌합니다. 노아는 신의 계시를 믿고 대홍수를 피할 수 있는 방주를 만들지요. 자신의 직계 가족과 암수 한 쌍의 동물들만 대홍수를 피해 살아남게 됩니다. 노아의 직계 가족은 모두 같은 언어를 사용했고 이 언어는 노아의 자손에게도 그대로 전달됩니다. 그렇게 믿음과 계율로 잘 살던 노아의 자손들은 다시 한번 신에게 도전을 합니다. 신처럼 되고 싶다는 욕망에 하늘 끝까지 닿는 탑을 쌓기 시작하지요. 인간의 오만함을 간파한 신은 언어를 순식간에 뒤섞어 버립니다. 바벨탑 건설 현장은 불통의 장이 되어버려요. 바벨탑 건설은 중단되고 같은 언어를 사용하는 사람들은 서로 모여 새로운 삶의 터전을 찾아 이동했고 그렇게 서로 다른 민족과 언어와 문화가 발생했다고 하지요.

인류가 서로 다른 언어를 사용하기 시작하면서 모국어가 아닌 다른 말을 하는 사람은 시대를 막론하고 모든 분야에서 새로운 문물과 정보를 받는 지식유통의 선두자 역할을 합니다. 이들이 전하는 내용에 따라 사회 간의 물물 교환, 무역, 협력, 갈등과 전쟁의 협상까지 일어났습니다. 국가 간의 공식 외교나 민간인들 사이에서 일어나는 거래에 이르기까지 외국어 구사자는 사회 경제적인 이득과 명예를 얻을 수 있었죠.

언어의 기원은 인류의 기원만큼 복잡하고 신비롭기까지 합니다. 최초의 언어는 누가 어떻게 시작했는지 언제부터 인류가 서로 다른 언어를 시작했는지 여러 증거와 근거를 토대로 추측할 뿐입니다. 현재 확신할 수 있는 것은 우리가 사는 세계에는 수많은 언어와 문화가 공존하고 있고, 세계 공용어도 있지만 전 세계가 단 하나의 단일 언어만 사용할 가능성은 없다는 것입니다. 그러니 외국어 하나 배워두면 나쁘지 않겠지요.

외국어, 저도 잘하고 싶습니다만

03
시공간을 초월하는 여행 티켓

Platform

1. 무대 또는 강단

2. 기차 승강장

3. 발표장 또는 발표의 기회

4. 특정 장치나 시스템을 구성하는 기초 틀 또는 골격

언어는 살아있는 생명체와 같아 시간에 따라 변합니다. 태어나 성장하고 변화하면서 계속 사용되기도 하지만 사라지기도 하죠. 특히 단어의 의미는 시대와 사용되는 상황과 맥락에 따라 다르게 해석되기도 합니다. 기차가 발명되면서 플랫폼이라는 단어는 1번의 무대 또는 강단의 의미보다는, 2번의 승강장의 의미로 더 많이 사용되었을 것입니다. 그리고 요즘은 4번의 의미로 먼저 다가올 것입니다. 단어의 뜻이 변화하고 확장되어도 기초 뜻에서 거의 벗어나지 않지요. 1번에서 4번까지의 의미가 모두 보이지 않는 울타리가

있는 넓은 장소 또는 광장에서 그 의미가 확대되었습니다.

플랫폼은 기차를 타고 내리기 위해 수많은 사람들이 오가는 장소입니다. 그래서 기차를 타려면 반드시 플랫폼에 가야 합니다. 플랫폼은 수많은 사람과 물자와 정보가 각각의 필요에 의해 모이고 흩어지기를 반복하는 장소입니다. 플랫폼이 기차와 승객, 정보와 가치의 구심점입니다. 이러한 의미에서 네트워크와 IT 산업을 시작으로 플랫폼의 개념이 확장되었습니다. 구글이라는 정거장에 네트워크상의 거의 모든 정보가 모입니다. 페이스북은 전 세계 사람을 연결해 주는 기반을 제공하지요. 아마존과 이베이와 같은 세계적인 인터넷 종합 쇼핑몰에는 없는 게 없습니다. 누구나 접속만 하면 판매와 구매를 할 수 있지요. 물건을 구입하든, 정보를 알아내든 잊고 있던 친구를 찾아내든 네트워크 플랫폼으로 가면 원하는 것을 얻을 수 있어요.

또 다른 의미의 플랫폼은 배타적인 특정 시스템을 말합니다. 게임을 예로 들어 봐요. 플레이스테이션을 구입하면 플레이스테이션에서 제공하는 게임만 할 수 있어요. 마찬가지로 엑스박스의 게임을 하려면 엑스박스가 있어야 하고 닌텐도 게임을 하려면 닌텐도 게임기가 필요합니다. 플랫폼은 특정 제품을 사용하기 위해서 반드시 필요한 연동 장치와 같은 것입니다. 스마트 폰에도 대표적인 플랫폼이 있지요. 삼성 휴대폰에는 안드로이드가, 애플 아이폰에는

iOS가 장착되어 있습니다.

종합적으로 오늘날의 플랫폼은 모든 정보와 가치가 모이는 장소입니다. 누구나 갈 수 있지만 기차에 오르기 위해서는 티켓이 필요합니다. 또한 그곳의 정보와 가치를 사용하려면 반드시 시스템에 접속 하거나 시스템 구동 장치를 구입해야 하지요. 플랫폼에 도달해야만 내가 원하는 가치와 정보를 얻을 수 있습니다. 내 머릿속에 장착된 외국어가 플랫폼이자 플랫폼에서 사용할 수 있는 티켓입니다. 외국어 플랫폼은 지금까지 살던 세상에서 다른 세상으로 갈수 있는 발판을 제공합니다.

자신이 구사하는 외국어의 실력만큼 다양한 곳으로 갈 수 있어요. 외국어 플랫폼은 외국어를 할 수 있는 사람에게는 무한한 가능성과 새로운 세상으로 도약할 수 있는 길을 안내하지요. 그곳은 이미 존재하고 있었지만 미처 몰랐던 세상입니다. 그 세상은 이전까지 나와 전혀 상관없었지만 외국어 티켓을 들고 외국어 플랫폼으로 가서 새로운 세상을 여행하는 순간 그 곳은 나와 연결된 세상이며, 나의 가능성을 펼칠 수 있는 곳이 됩니다.

예전에는 외국어 플랫폼에 오른 많은 사람들이 순수하게 언어에 관련된 분야에서 정보를 유통하는 업에 종사했죠. 하지만 지금은 번역과 통역을 넘어 자신의 전문분야를 접목시켜 확장하고 있습니다. 단순히 외국어 플랫폼이 언어의 세상을 향한 발판이 아니라 그 언어를 사용하는 세상의 정치 사회 문화 예술 등 지금 살고 있는 세상과는 완전히 다르지만 또한 비슷한 확장된 세상을 보여줍니다.

　　새로운 세상, 새로운 문화를 배우는 것은 나의 정체성을 찾는 것과 같습니다. 지금껏 살던 세상을 벗어나야 비로소 자신이 있던 자리를 되돌아 볼 수 있지요. 내가 있는 곳에서 거리를 두어야 나 자신에 대한 질문을 할 수 있습니다. 이러한 질문과 생각 속에서 나와 상대에 대한 새로운 시각과 해석을 얻고, 그러한 경험이 쌓이면서 '내 세상' 은 점점 넓어집니다. 넓어진 세상에서 다양한 시각으로 좀 더 자유로운 선택을 할 수 있었던 것은 외국어 플랫폼에 올라 내 세상을 떠나봤기 때문이죠.

04
새로운 에너지

에너지는 한 물체가 일을 할 수 있는 능력을 말합니다. 무엇인가를 움직일 수 있는 물리적 파동을 말하지요. 에너지 하면 생각나는 전기 에너지, 태양 에너지 외에도 우리의 마음을 움직이고 감동을 주고, 지친 우리에게 생기를 다시 불어 넣는 보이지 않는 에너지도 있습니다. 에너지가 없는 물체도 사람도 없습니다. 그러나 인간은 에너지를 스스로 만들어 내지 못합니다. 우리는 무엇인가로부터 에너지를 받아 그것을 다시 사용하도록 전환합니다. 우리에게는 신체적 본능과 욕구를 채워주는 에너지 외에도 정신과 마음에 힘을 넣어 줄 에너지가 필요합니다. 신체적으로 가장 나약한 동물인 인간은 정신 에너지가 있기에 자연을 지배하고 극복할 수 있습니다. 호랑이 굴에 들어가도 정신만 차리면 산다고 하잖아요. 인간의 정신력은 어떤 무엇보다도 강합니다. 자연을 지배할 정도의 강인한 정신력은 어디에서 나오는 것일까요?

과거에는 야생 동물과 자연 재해를 극복하고 살아야 하는 환경이었다면 오늘날에는 수많은 사람들 속에서 '정신 똑바로 차리고' 살아야 하는 환경입니다. 맹수에게 잡아먹히는 세상에서 인간관계에서 TKO당하는 세상으로 변해버렸죠. 관계 속에서 에너지가 고갈되어 나의 정신 줄을 똑바로 붙잡고 있을 힘조차 없을 때가 있습니다. 그렇지만 우리는 관계 속에서 에너지를 다시 얻습니다.

무수히 많은 인간관계의 형태는 모두 '말'로 이루어집니다. 말을 주고받는 일은 정보와 생각과 감정을 교환 또는 공유하는 행위입니다. 이때 서로 오고 가는 보이지 않는 에너지에 따라 우리의 정신과 마음이 긍정적으로도 부정적으로도 움직입니다. 어떤 대화건 마음과 머리에 느낌과 생각이 전달되죠. 대화를 통해 긍정의 에너지가 마음을 기쁘게도 하고 부정의 에너지가 기운을 뺏어가기도 합니다. 긍정의 에너지를 주고받는 관계는 유지하고, 부정의 에너지를 주고받는 관계는 피하고 싶은 건 매우 자연스럽습니다. 우리가 대화를 하면서 상대에게 영향을 받고 변화하는 것은 상대의 에너지가 전달되기 때문입니다. 에너지는 무엇인가를 변화시키는 힘이며, 말에는 우리의 생각과 행동을 변화시키는 에너지가 담겨있습니다.

외국어를 배울 때 단순히 언어 기호와 발음과 문법만을 배우는 것은 아닙니다. 외국어에 담긴 에너지를 함께 얻어가죠. 그렇게 얻은 에너지는 저의 생각과 태도에 변화를 일으킵니다.

외국어, 저도 잘하고 싶습니다만

우리는 말의 에너지를 모국어로 주고받습니다. 모국어의 세상에 존재하는 에너지만 오고 가죠. 하지만 외국어를 배우는 순간부터 외국어에서 새로운 에너지를 얻을 수 있습니다. 그러한 에너지는 지금까지의 가치관과 사고방식에 또 다른 시각을 제공하면서 나의 생각과 행동을 바꾸게 이끌어 줍니다.

말은 우리의 마음과 생각과 행동을 일으키는 에너지입니다. 긍정과 부정의 에너지를 전달함은 물론 우리의 사고방식과 의식세계를 지배하기도 합니다.

'우리는 우리 모국어가 그어놓은 선에 따라 자연세계를 분단한다.'

언어 결정론lingustic determination 사피어 워프의 가설Sapir-Whorf Hypothesis입니다. 사피어 워프는 우리가 언어를 배우는 것은 사회와 현실을 둘러싼 세계를 해석하는 틀을 배우는 것이라고 했어요. 아무것도 모르고 태어나 모국어를 배우면서 모국어가 정해놓은 세상을 배우죠. 그 배움이 없으면 우리는 세상을 해석할 수 없습니다. 언어결정론은 언어가 인간의 사고방식을 결정한다고 설명합니다. 어떤 개념은 우리가 사용하는 언어에 해당하는 단어가 있을 때만 그 개념을 생각할 수 있다고 말하지요.

이에 대해 언어학자마다 다양한 의견이 있지만, 우리가 알 수 있는 것은 언어, 즉 말은 단순히 정보만을 전달하는 게 아니라 거기에 담긴 에너지 문화 세상을 바라보는 틀, 세계관 등을 함께 흡수하는 과정이라는 것이지요. 외국인이 우리나라 말을 배우면서 "도대체, 빨강이면 빨강이지 불그스름하다, 불긋다, 시뻘겋다, 새빨갛다, 뻘겋다, 뻘그레 죽죽 하다는 무슨 색인가요?"하고 묻습니다. 이 외국인의 머리에는 빨강은 빨강 하나만 있기에 이렇게 다양한 표현을 당장 이해하기 어려운 것이죠. 빨강의 다양한 우리말 표현을 이해하기 위해서는 아마 한국에서 조금 더 오래 머물면서 사람도 만나고, 책도 읽고, 드라마도 보면서 우리 문화의 전반적인 에너지를 받아야 가능할 것입니다.

보이지 않는 에너지에 관해서 '말의 힘'에 대한 담론이 많습니다. 끌어당김의 법칙, 긍정의 힘, 양자 역학, 보이는 대로 믿는 대로, 이 모든 것이 보이지 않는 에너지에 관한 이야기입니다. 이들은 이 또한 물리학의 법칙이라고 합니다. 저는 과학자가 아니지만 이 세계가 오직 증명되는 것으로만 이루어져 있다고 생각하지는 않습니다. 보이는 것만 믿는 사람, 보여야 만 믿는 사람, 보이지 않는 것도 믿는 사람, 이들의 판단가치와 기준 그리고 정신세계는 다를 수밖에 없겠지요. 세상이 있으면서 말이 생겨났지만 말이 보이지 않는 세상 또한 만들고, 그 만들어진 세상은 우리의 사고방식과 세계관을 결정지을 수 있습니다.

05
통해야 말이지

외국어를 배우다 보면 외국어도 언어라는 사실을 자주 잊습니다. 외국어를 하나의 소통 수단이 아닌 교과목으로 접했기 때문이죠. 이러한 공교육을 받고 사회에 나와도 외국어 학습 여건과 목표는 이전과 다를 바 없습니다. 각종 공인 시험, 사내 영어 테스트, 승진 시험 등 외국어 실력은 숫자와 등급으로 구별됩니다. 외국어 성적과 등급은 타인과의 비교 수단이 되어 점수 올리기 경쟁만 부추길 뿐이죠. 또한 시험의 변별력을 높이기 위해 현지에서 사용하지 않는 어법의 문제가 출제되기도 하고요. 문제를 어떻게 내야 답을 맞히지 못할까를 고민한 듯합니다. 의사소통은 사지 선다형이 아닙니다. 모든 언어의 발생 이유는 소통이고, 최종 목표도 소통입니다.

사실 외국어 학습의 최종 목적지가 '소통'이라는 것을 우리 모두 잘 알고 있습니다. 하지만 가야 할 길이 왜 이리도 막막해 보일까요? 우리는 과거의 경험을 토대로 오늘과 내일을 판단하기 마련입니다. 지금까지 우리가 갖고 있는 과거의 경험이 즐겁고 재밌었다면 앞으로 갈 길이 두렵거나 어렵게 만 보이지는 않겠죠. 지금까지 우리가 해 온 외국어 학습은 어떤 경험이며 어떤 모습이었을까요? 외국어를 어렵다고 생각하는 판단의 근거는 어디에서 나오는 것일까요?

학교에서 학습하는 외국어는 문법과 독해 위주입니다. 그리고 여기에 해당하는 문제풀이에 집중하지요. 적은 시간 안에 많은 문제를 빠르고 정확하게 풀어야 하지요. 그러니 소리를 듣고 입을 열기보다는 머리로 문제풀이 학습을 했습니다. 그리고 입시 위주의 외국어 학습은 틀리면 안 된다는 강박증을 유발합니다. 시험문제의 올바른 답을 찾지 못하면 바로 시험 점수 하락으로 연결되기에 틀리지 않으려고 무던히 노력합니다. 그러다 보니 회화나 대화를 할 때도 틀릴 까봐 쉽게 말문을 열지 못합니다. 틀리지 않으려고 머리로 생각하다 기회를 놓치기 일쑤죠. 우리말도 하다 보면 틀리는데 하물며 외국어를 틀리고 못한다고 창피해 합니다. 외국어를 배우는 이유는 의사소통에 있습니다. 반드시 정확한 말을 해야 한다는 뜻은 아닙니다. 말을 할 때마다 정확한 말을 할 수는 없어요. 우리는 말하는 기계가 아니잖아요? 실수에 대해서 관대해 지면 마음이 편해집니다. 잣대가 높은 만큼 스트레스 지수도 함께 상승하죠. 결과는 결과대로 좋아질 리 없습니다. 우리가 모국어를 배울 때 처음부터 문법에 맞는 말을 했나요? 틀린 말을 고쳐서 말하고, 했던 말

외국어, 저도 잘하고 싶습니다만

을 반복하면서 모국어를 배웠습니다.

우리는 공인어학시험에서 높은 성적을 받으면 해당 외국어를 잘한다고 생각합니다. 이는 외국어를 잘 한 것이 아니라 문제를 잘 푼 것입니다. 공인시험 성적이 높다는 것은 해당 외국어로 유창하게 소통할 수 있다는 것을 말하지 않습니다. 이는 학습의지가 강하고 성실하게 학습을 했다는 증명서일 수는 있지요.

우리는 '공인어학시험의 높은 점수 = 소통능력'이라고 생각했습니다. 그래서 어학시험공부를 열심히 하면 소통도 잘 될것이라 기대했지요. 그러다 기대만큼 이루어지지 않으면 노력 부족이라 자책하며 다시 한번 죽으라 열심히 합니다. 뭐라도 하면 되겠다는 생각에 목적의식 없이 닥치는 대로 말이죠. 반대로 해도 안 된다며 자포자기하기도 합니다. 여러 번의 작은 실패와 좌절감이 결국 모든 것을 포기하게 만듭니다. 말은 통해야 말입니다. 통하지 않는 말을 배워 뭐합니까……. 외국어가 어렵다고 생각 들지만, 그중에 분명 즐겁게 잘하는 사람들도 있습니다. 그렇다면 뭔가 뾰족한 수나 비법이 숨겨져 있지는 않을까요?

'Happy families are all like; every unhappy fmily is un-happy in its own way.'

- 《안나 카레니나 Anna Karenina》,

레브 니콜라예비치 톨스토이 Lev Likolayevich Tolstoy

외국어를 잘하는 사람들의 이유는 비슷하지만, 못하는 사람들의 이유는 수도 없이 많습니다. 외국어는 어렵습니다. 누구에게나 말이죠. 그럼에도 분명 점수를 잘 받는 사람, 소통을 잘하는 사람이 있습니다. 그런 사람들이 있다는 것은 희망적입니다. 이는 '나도 할 수 있다'는 것을 보여주기 때문이죠. 외국어는 누구나 다 잘 할 수 있습니다. 누구나 동일한 출발선에 있지요. 그러니 그 길을 어떻게 얼마만큼의 노력으로 가는지는 온전히 우리들에게 달려있습니다. 많은 사람들이 이루었다는 것은 나도 할 수 있다는 증명입니다.

You did, she did, he did, then why not me?

06
생각 대로 믿는 대로

Everything depends on the mind.

모든 것은 마음먹기 나름입니다. 우리가 사는 세상은 상대성이 지배하기 때문에 각각의 개인이 어떻게 생각하는지에 따라 세상이 행복하기도 불행하기도 합니다. 여러 명이 백합 한 송이를 바라보아도 누구는 향기롭다, 누구는 비싸겠다, 누구는 받고 싶다고 다양하게 생각하지요. 또한 같은 책을 읽어도 그 책은 각자에게 서로 다른 해석과 감동을 전달합니다. 작가가 집필한 의도대로, 또는 독자가 개인적으로 처한 상황에 따라 다르게 감동이 일어납니다. 그래서 이 세상에는 정답도 오답도 없고, 오직 자신만의 해석이 존재할 따름입니다. 생각대로 믿는 대로 세상이 보인다고 말하지요. 이는 불경의 하나인 화엄경華嚴經의 중심 사상으로 '모든 것은 오로지 마음이 지어내는 것이다.'(일체유심조 一切唯心造) 와 일맥상통합니다. 객관적인 사물과 현상을 자신이 어떻게 해석하고 받아드리느냐에 따라 자신만의 믿음과 진실이 만들어지고 그를 통해 현실 세계가 보이게 됩니다.

마음먹은 대로 생각이 바뀐다는 것은 뇌 과학에서도 증명된 사실입니다. 계속적으로 부정적인 단어를 사용하고 어두운 생각을 하는 사람의 뇌주파수와 긍정적인 단어와 밝은 생각을 하는 사람의 뇌주파수는 다르고, 이러한 차이는 행동으로 직접 연결됩니다. 추진력과 적극적인 자세를 누가 더 많이 갖게 되는지는 말을 하지 않아도 직감으로 알 수 있지요. 우리는 스스로 뇌를 세뇌할 수 있습니다. 우리가 계속해서 '어려워, 재미없어, 힘들어, 해도 안 돼'라는 생각을 계속하면 우리의 현실은 그렇게 됩니다. 반대로 '누구에게나 힘들어, 괜찮아, 잘하는 사람도 있던데 나도 할 수 있지, 재밌네, 할 만하네'라는 말은 말 그대로의 현실을 만들어 냅니다.

매번 새로운 언어를 배울 때마다 저라고 늘 즐거웠을까요? 배운 말 좀 할 만하니까 다른 언어를 또 배워야 했고, 그렇게 노력해서 배웠더니 또 다른 말을 배워야 했습니다. 저는 학습이라기보다는 당장 생활을 해야 했기에 외국어를 배우는 것은 커다란 스트레스였습니다. 하지만 그렇게 생각하니 점점 위축되고 말은 못하고 저를 이해하는 사람은 점점 없어지고……. 의사소통이 되지 않는 불편함과 스트레스는 고스란히 다시 저에게 돌아왔습니다. 잘 되는 날도 있다가 잘되지 않는 날도 있고, 계획한 대로 되다가도 안 되는 날도 있었죠. 그럼에도 스트레스 받지 않기로 맘먹고 매일 매일 나

외국어, 저도 잘하고 싶습니다만

는 잘 하고 있다고 스스로 최면을 걸었어요. 미국으로 갔을 때에는 기초적인 영어 실력이 있던 상태였기 때문에 적응에 별 다른 어려움이 없었습니다. 하지만 독일로 이주하여 다시 어린아이가 된 듯 처음부터 다시 배워야 했을 때는 한국말만 하고 살고 싶다는 생각이 수도 없이 올라왔습니다. 하지만 현실이 늘 맘 같지 않기에 마음을 고쳐먹었습니다. 사회적 생존을 위해 어쩔 수 없이 배우는 것이 아니라 기꺼이 배우겠노라고 말이죠. 그때 저는 딱 세 가지로 제 자신을 설득했습니다.

'틀리든 말든', '재밌다', '언젠가는 유창하게.'

외국어 학습에 실수는 곧 실력향상으로 연결됩니다. 걸음마 하는 아기는 자주 넘어집니다. 넘어지고 일어나면서 다리근육이 발달합니다. 넘어지는 것은 다리가 튼튼해지는 과정입니다. 말을 배우기 시작한 아이도 다 자란 우리도 말을 할 때 실수합니다. 우리말도 실수하는데 외국어를 실수하는 건 스스로 애교로 봐줘야지요. 그런 애교스러운 실수를 누군가가 지적해 준다면 그건 정말 고마운 일이에요. 그 실수를 더욱 기억나게 해서 같은 실수를 하지 않게 해줄 테니까요. 물론 실수에 너무 당황해서 지금까지도 한 템포 쉬고 말하는 단어가 있어요. kitchen과 chicken이에요. 너무 쉬워 헷갈린 단어였을까요. 같이 대화를 하던 영국 사람이 너무나도 크게 웃는 바람에 주변 사람들이 다 저를 쳐다봐서 당황했던 기억이 생생해요.

그리고 배우고자 하는 외국어를 좋아하세요. 이는 외국어 사용하는 나라와도 연관이 있습니다. 그 나라의 말을 배우려면 그 나라에 대해 긍정적으로 생각해야 합니다. 언어는 그 언어공동체의 영혼을 담는 그릇입니다. 그 사회문화에 거부감이 있다거나 특정 사람에 대한 원망이나 비하가 있다면 해당 언어를 배우는 데 걸림돌이 됩니다. 현지에서 외국어를 배우는 사람들 중에 문화와 사회에 적응하지 못해 반감을 갖는 모습을 가끔 목격했습니다. 싫어하는데 말이 쉽게 나올 리가 없지요. 그래서 외국어를 학습할 때는 마치 어린아이처럼 '나는 아무것도 몰라요'라는 자세가 도움이 돼요. 말에 있어서는 어린아이 맞잖아요. 해당 외국어를 하는 원어민 초등학생보다 말을 못 하는 것도 사실이고요. 그래서 말을 못 하면 어린아이 취급 당한다는 말도 있어요. 스스로 알고 있는 지식의 양도 만만치 않다고 생각하는데 말을 못 해 그것을 표현할 수 없으니 스스로 한심하다는 생각이 들기도 하지요. 그러다 말을 실수하지 않고 하려다 보면 더욱 긴장하고 말이 잘 나오지 않죠.

마지막으로 외국어는 42.195킬로미터를 달리는 장거리 마라톤이에요. 내가 달려온 길이 20킬로미터라고 해도 결승점까지는 뛰어온 거리만큼 더 가야 해요. 저는 골인을 위해 빠르게 달려야 한다는 말을 하는 것이 아니에요. 아무리 늦더라도 포기 하지 않고 계속 가기를 희망하는 거죠. 꾀 많고 빠른 토끼보다는 어리숙한 듯 천천히 계속 가는 거북이가 승리하는 게임입니다. 포기하지 않는 긍정

외국어, 저도 잘하고 싶습니다만

의 인내심, 이것이 저의 외국어 비법입니다.

저는 외국어가 어렵다기 보다는 낯설기 때문에 거리감이 느껴진다고 생각합니다. 전혀 모르는 말이니까요. 늘 사용하던 모국어와 완전히 다른 말이잖아요. 전혀 모르는 사람과 같은 공간에 있으면 나름의 경계심으로 자신을 보호하듯이 외국어를 대할 때면 저도 모르게 심리적 장벽이 세워지곤 합니다. '잘해야지, 틀리지 말아야지'처럼 긴장하고 말지요. 우선 저는 이러한 저의 마음의 작용을 있는 그대로 바라보고 인정합니다. 그리고 긴장을 풀고 "내가 외국어를 사용하는 원어민이 아닌데 어찌 완벽하게 하겠어."하고 스스로 두려움과 결점을 인정해요. 이런 마인드 컨트롤을 여러 번 하다보면 실수에 대하 걱정이 사라집니다. 그렇게 하다보면 언젠가는 뻔뻔해지면서 실력이 조금씩 늘어나지요.

07
나를 움직이는 힘

우리는 끊임없이 변화하고 움직입니다. 엄마의 뱃속에서 난자와 정자의 결합으로 세포 분열과 융합을 하면서 성장했고, 태어날 때도 바둥거리며 세상에 나왔죠. 잠자는 동안에도 우리가 의식하지 못할 뿐 우리 몸은 생명을 유지하기 위해 쉬지 않고 움직입니다. 그래서 변화와 움직임은 생명의 상징입니다.

식물과 동물의 차이는 움직임입니다. 식물도 변하고 성장하지만 식물은 움직일 수 없어요. 땅에 뿌리를 내리고 광합성으로 필요한 영양분을 만들어 냅니다. 동물은 말 그대로 움직이는 생명체입니다. 움직임의 핵심은 두뇌입니다. 두뇌가 발달하면 할수록 신체를 다양하게 움직일 수 있죠. 동물은 행동합니다. 행동에는 신체의 자동 반사도 포함됩니다. 행동을 유발하는 원인에는 내외부적인 요소가 있지요. 신경에 의한 자동 반사를 제외한 모든 행동에는 이유가 있습니다.

외국어, 저도 질하고 싶습니다만

행동의 동기가 명확하면 추진력이 생깁니다. 반대로 동기는 있지만 행동이 따르지 않을 때도 있습니다. 결과에 대해 의심하거나 두려울 때, 자신의 행동에 대한 외적·내적 보상에 대한 믿음이 부족할 때, 행동에 앞서 머뭇거리기 마련이지요. 배움은 오랜 시간 유지·반복되어야 만족할 만한 결과가 얻어지는 행동입니다. 배움에 대한 동기가 명확하지 않거나 약하면 스스로를 합리화시켜 게을러지거나 포기를 선택하기도 하지요.

외국어를 시작한 특별한 동기는 저에게 없었습니다. 대학 입학 시험 점수에 맞춰 지원한 학과에 합격해서 대학교를 졸업하기 위해 전공 언어를 했을 뿐이지요. 대학생활 내내 전공을 잘 살려서 무엇이라도 해 봐야겠다는 생각보다는 점수와 졸업에만 연연했어요. 아무런 내적·외적 동기도 기쁨도 없는 전공을 끙끙거리며 버텨낸 것에서 의미를 찾아야 할까요?

여러분들이 외국어를 배우려는 목적지와 도착점을 모아 보면 대략 두 가지로 나뉘어요. 첫째는 외국어를 도구로 삼아 어딘가에 도달하고 싶은 목적과, 두 번째는 외국어 자체에 대한 지식과 개념, 그리고 외국어에 담겨 있는 의미와 내용을 얻고자 하는 목적으로 구별됩니다. 여러분 대부분이 첫 번째에 대한 목적의식이 많을 거예요. 외국어를 통해 자신이 원하는 것을 얻고 싶은 거죠. 단순히 점수와 스펙을 위한 것만이 아니라 외국인과 유창하게 대화하고 싶다는 것도 같은 맥락입니다. 막연하게 외국 문화가 좋아서 또는 멋져 보여서라는 대답도 있을 거예요. 이런 분들은 외국어에 담긴 문화와 감성을 좋아하는 거죠. 제 지인중에는 스페인을 여행하고 나서 스페인 문화와 감성이 자신과 잘 맞는다고 스페인어를 공부하는 사람도 있었습니다. 언어를 하나의 문화와 지식으로 바라보는 관점이죠.

그러나 이건 어디까지나 이론적인 분류일 뿐입니다. 점수와 스펙 때문에 독일어를 배우다 보면 거기에 담긴 문화와 감성 코드도 함께 체험하게 되고, 역으로 독일 축구와 자동차에 대한 관심이 독일 문화 전반에 대한 관심으로 번져 독일어를 배울 수도 있는 거죠. 도구적 관점과 경험적 관점은 동전의 양면입니다.

우리가 저절로 습득한 모국어와 달리 외국어는 끊임없는 관리가 필요한 대상이에요. 자신이 원하는 점수에 도달하고 나서는 두 번 다시 외국어 공부를 하지 않겠다는 사람과 어떤 동기로 시작했든지 간에 외국어를 계속적으로 내 삶의 일부로 삼아 즐겁고 기쁘게 자기 계발하겠다는 사람의 학습 태도는 완전히 다릅니다. 외국어 학습을 이제 막 시작한 분들은 대부분의 동기를 도구적인 관점에서 찾아요. 그리고 스스로의 외국어 실력에 자신감이 생기면 외국어 자체에 대한 관심도 높아지고 외국어로 얻게 되는 지식에도 관심이 생기죠. 그래서 저는 초보와 기초 단계에 있는 분들은 언

외국어, 저도 잘하고 싶습니다만

어 구조적인 반복 학습을 권장하고, 중급 이상이라 판단되는 분들은 외국어에 담긴 문화를 소리내어 읽으며 외국어 실력을 쌓는 것을 추천합니다.

　　무슨 일을 하던 나를 움직이는 힘은 마음속에서 올라오는 동기와 원하는 것을 이루는 과정에서 느끼는 성취감입니다. 성취감은 또다시 다른 일을 도전할 수 있는 동기와 용기를 부여합니다. 우리가 끝없이 배우는 이유는 결과와 상관없이 수많은 시행착오와 노력 끝에 나만의 노하우를 얻기 위함일 것입니다. 그리고 외국어를 통한 성취감은 오직 내가 배운 언어를 올바로 사용했을 때 얻어지겠지요. 외국어를 사용할 기회와 상황이 없어서 동기부여가 생기지 않는다고 말하는 분들도 있습니다. 외국어는 언젠가는 사용할 날이 옵니다. 그건 오직 자신이 준비 되었을 때만이죠. 기회를 기회라고 보는 것 또한 자신의 능력입니다. 외국어를 잘하는 사람들치고 상황을 기다리는 사람은 없습니다. 상황과 기회를 스스로 찾아가지요. 이들은 자신들이 외국어를 잘 한다고 생각하지 않아요. 외국어를 잘한다는 기준도 모호할뿐더러 말이라는 것은 매우 주관적일 수 있기 때문에 말을 완벽하게 정복한다는 생각을 하지 않지요. 문제집은 처음부터 끝까지 완성할 수 있지만 말은 처음부터 끝까지 완벽할 수 없습니다. 그래서 외국어를 잘 하는 사람들은 이러한 점을 깨닫고 자신의 결점을 보안하기 위해 지금에 안주하지 않고 지속적으로 관리하고 학습합니다. 이들은 학습량과 발전 속도가 느린 것을 걱정하지 않습니다. 아무것도 하지 않고 멈추어 있는 것을 걱정하지요. 자신의 결핍과 결점을 깨닫고 그것을 채우려는 의지와 노력이 배움의 모든 동기일 것입니다.

08
무엇을 할 것인가 &
무엇부터 할 것인가?

말과 글로 하는 의사소통의 방법은 듣기, 말하기, 읽기, 쓰기의 네 가지입니다. 이는 의사소통이라는 의자의 다리 네 개와 같아서 어느 하나가 길거나 짧으면 의자로 사용할 수가 없습니다. 모국어와 외국어를 비교하면서 모국어를 배우는 순서는 듣기-말하기-읽기-쓰기라고 이이야기 했지요. 전 세계 모든 아이들이 이 순서를 벗어나지 않습니다. 글을 먼저 읽고 말을 나중에 하는 사람 없고, 글을 먼저 쓰고 말을 나중에 하는 사람 없습니다. 하지만 외국어를 배울 때는 모국어를 습득하는 순차대로 일어나지 않습니다. 글을 읽을 수는 있지만 말을 못할 수도 있고, 읽을 수는 있지만 뜻을 이해하지 못하는 경우도 많습니다.

저는 이러한 상황을 외국어의 늪에 빠졌다고 자주 표현해요. 왜 우리는 이런 늪에 빠질까요? 외국어 학습을 조언하는 많은 책의 학습법을 따라 해 보기도 하고 외국어 잘하는 사람들의 비법에 감탄하며 '나도' 하는 마음으로 열심히 하는데 정작 왜 늪에 빠진 한 쪽 발을 빼 내지 못하고 제자리에 머물고 있을까요? "이거는 하지 마라, 이거 배울 필요 없다, 이거는 무시해라, 이거만 해라"고 해서 그렇게 따르다가 결국 제 자신이 늪에 빠졌다는 것을 깨달았어요.

말이 통하려면 듣기, 말하기, 읽기, 쓰기 무엇 하나 빼놓지 않고 모두 다 해야 합니다. 외국어를 잘하는 절대 비법은 없습니다. 오직 자신만의 비법만 있습니다. 자신만의 비법은 지금까지 외국어를 배워 온 사람들의 경험과 조언을 각자의 상황과 상태에 맞추어 학습해 나가면서 찾을 수 있습니다. 이렇게도 해 보고 저렇게도 해 보면서 자신에게 맞는 구체적인 학습법을 찾아야 합니다. 제가 학습한 방식이 모든 사람들에게 다 적용되는 것도 아니고, 또한 저만의 유별난 학습법이 있는 것도 아니지요. 타인이 성공한 방법을 참조할 수는 있지만 그것이 언제나 정답일 수는 없습니다.

저는 외국어 학습을 할 때 저만의 방식으로만 하려고 했어요. 제대로 들리지도 않고 말도 못 하니 단어라도 암기하자는 혼자만의 기준을 세웠는가 하면, 소통을 위한 외국어 학습이 아니라 도서관에서 혼자 할 수 있는 학습법을 좋아했어요. '여름 방학 동안 문법책 끝내기', '겨울 방학에는 어휘집 두 번 반복하기'와 같이 혼자서 계획하고 수정하면서 시간을 보냈지요. 어느 날은 학습량을 채우고 늦은 저녁 도서관에서 나오면 열심히 공부한 것 같기도 했고 또 어

외국어, 저도 잘하고 싶습니다만

떤 날은 저의 학습법을 스스로 의심하면서도 그냥 하면 되겠다는 게으른 합리화로 스스로를 설득했습니다. 그런 제가 말을 할 수 있었을까요? 아니요!! 처음으로 프랑스행 비행기를 타자마자 말문이 턱 막혔습니다. 외국 승무원이 어떤 음료를 마시겠냐고 했을 때 부터였습니다. 기초 중의 기초였던 "물 한잔 주세요."를 말하지 못하고 옆 사람이 마시는 음료를 손가락으로 가리키기만 했죠.

외국어를 잘 하려면 그럼 무엇부터 해야 할까요? 외국어는 예술도 인문학도 아닌 매우 실용적인 기술입니다. 사용할 수 없고 써 먹을 수 없으면 소용없는 분야이지요. 외국어는 곧 현실이고, 생활입니다. 생활을 하려면 소통이 되어야 합니다. 소통의 기본은 상대의 말을 알아듣는 것입니다. 제가 해외로 나가기 전에 귀를 열고 들어야 하는데 들리지 않으니 급한 마음에 무작정 회화 책을 외워버렸습니다. 하지만 "지하철역이 어디에요?"라고 물어도 돌아오는 대답을 알아 듣지를 못해 소용이 없었습니다. 외국에 나가서 직접 부딪히고 나서야 듣기의 중요성을 깨달았습니다. 제가 못하는 것과 약점에 더 많은 시간과 노력을 투자했어야 했죠. 하지만 머리로는 그렇게 생각해도 마음이 고집부리는 대로 했습니다. 살면서 머리를 따라야 할 때, 가슴을 따라야 할 때 그리고 머리와 가슴이 서로 합의한 것을 따라야 할 때가 있죠. 학습은 머리로 하는 거니 머리를 따라 했어야 했는데, 제 맘 편하자고 해 놓고는 왜 안 되는지 고민을 했으니 말이에요. 머리에 넣은 것은 많았지만 꺼내 쓸 수 가 없었어요. 아무리 많이 알아도 말할 수 없으면 아무 소용이 없습니다. 외국어를 배울 때는 듣기를 통해 당장 써먹을 수 있는 단어와 표현 위주로 반복 암기해야 합니다. 이러한 기초 소리와 단어와 표현이 다지고 다져져야 어떤 상황에서도 생각하는 즉시 입으로 나올 수 있습니다. 외국어는 이해하는 학습이 아닙니다. 어떻게 하면 조금 더 빠르고 신속하게 원하는 말을 생각하자마자 입으로 할 수 있을까를 고민하고 훈련해야 하지요.

당장 필요한 표현부터 시작하세요. 자신이 말하고 싶은 표현은 스스로 준비할 수 있습니다. 일상에서 사용하는 표현, 업무에 필요한 표현, 학업에 필요한 표현, 서바이벌 표현은 당장 써먹을 수 있습니다. 그렇게 단순하고 기초적인 표현으로 시작해서 연관된 영역으로 단어와 표현을 확장하세요. 자주 사용하다 보면 표현이 입에 붙고 그렇게 소통이 되다 보면 조금 다양하고 복잡한 전문 영역으로도 학습 내용을 확장할 수 있습니다. 자신과 관련된 여러 주제로 말할 수 있으면 언젠가는 자유롭게 구사할 수 있습니다.

09
소리로 세상을 터득하다

모국어의 기본적인 틀의 완성을 약 열두 살 전후로 봅니다. 이후의 언어 습득과 실력은 개인의 습관, 노력, 환경에 따라 결정됩니다. 그렇다면 우리도 모국어를 습득하듯 평균 십 이년이나 외국어를 학습해야 한다는 건가요? 그럴 리가요? 모국어가 이미 우리 머릿속에 있기 때문에, 즉 보편적인 언어의 틀이 우리에게 있기 때문에 외국어 학습을 위해서는 변형된 접근법이 필요할 뿐이에요.

저는 외국어 학습이 피아노 연주와 비슷하다고 생각해요. 둘 다 소리로 세상과 소통하죠. 외국어는 입으로, 피아노는 손으로 소리를 냅니다. 그래서 외국어를 잘하고 피아노를 잘하려면 소리를 잘 듣고 구분할 줄 알아야 합니다. 들리는 것과 듣는 것은 어떻게 다를까요? 영어의 hear와 listen의 차이입니다. 들리는 것은 외부 자극에 청각신경의 자동반사 또는 자동 반응입니다. 이비인후과에서 실시하는 검사는 청력검사 hearing test입니다. 청각신경이 건

강하면 주변의 모든 소리가 들려옵니다. 이와 달리 listen은 청각신경을 통해 들려오는 외부정보를 두뇌가 의식적으로 집중해서 의미를 파악하는 것을 말합니다. 외국어 공인시험의 듣기 평가는 영어로 listening test입니다. 잘 듣기 위해서는 들려오는 소리를 잘 구분해야 합니다. 외국에 거주하면서도 외국어가 잘 되지 않는 사람들의 경우 hearing은 되지만 listening이 익숙하지 않은 이유입니다. Listening = hearing + understanding입니다. 소리에 단순히 노출되었다고 해도 의식적으로 두뇌가 집중해서 그 소리를 해석하지 않으면 들려오는 소리는 소음일 수밖에 없습니다. 또한 아무리 들어도 의미를 알 수 없으면 그 또한 의미 없지요. 두뇌는 아는 소리만 듣습니다. 모르는 소리는 그저 공기를 가로지르는 파동으로 인식할 뿐입니다.

외국어 듣기 학습은 우선 소리의 차이를 구분하고 소리에 담긴 의미를 머리로 이해하는 과정입니다. 의식적으로 소리를 구분하는 것을 말해요. 하루 종일 외국 라디오나 TV를 온 종일 틀어 놓는다고 해서 듣기능력이 반드시 향상되는 것은 아닙니다. 외국어 듣기 학습은 마치 피아노의 도와 솔 음계의 차이를 배우는 것과 비슷해요. 외국어 소리의 높낮이와 끊고 맺음과 호흡을 의식적으로 듣는 거죠. 그리고 듣는 동시에 앵무새가 인간의 언어를 흉내 내듯 따라하면서 직접 소리를 내세요. 발음은 우선 걱정하지 마시고요. 자신의 외국어 말소리에 익숙해져야 하죠. 갓난아이를 보면 자신이 재

외국어, 저도 잘하고 싶습니다만

채기를 하고는 그 소리에 놀라 울기도 합니다. 자신이 재채기 소리를 내었다는 것을 인식하지 못하기 때문이에요. 마찬가지로 자신의 외국어 말소리에 익숙하지 않으면 말을 하면서도 어색한 마음이 들기 마련입니다. 그러니 기본적으로 자신의 외국어 말소리에 익숙해지는 과정이 필요해요. 말하기는 호흡기와 구강근육이 만들어내는 물리적 반응입니다. 단순히 성대를 울리는 소리만 있는 것이 아니라 소리의 높낮이와 시작과 휴식과 멈춤이 있습니다. 어디에서 어디까지를 한 번에 숨 쉬면서 말을 하는지, 단어 말할 때마다 숨을 쉬어야 하는지도 파악해야 하죠.

피아노를 칠 때 처음에는 악보 없이 다섯 손가락으로 '도, 레, 미, 파, 솔' 음계를 칩니다. 그리고 이 다섯 개의 음계를 귀로 익히기 위해 '도, 미, 솔, 파, 레, 도'처럼 음계를 섞어서 연습합니다. 이후 다섯 개의 음계에서 세 개를 더 추가하여 '도, 레, 미, 파, 솔, 라, 시, 도'의 한 옥타브로 발전하죠. 다섯 개의 손가락으로 일곱 개의 음계를 쳐야 하니 손가락 바꾸는 법도 배우고요. 악보 없이 소리로만 음정을 익힙니다. 음정을 귀로 익혔다면 다음에는 악보 보는 법을 배웁니다. 각 나라마다 피아노를 배우는 방식이 조금 다르기는 해요. 대체로 우리나라와 일본은 기본 음정을 익힌 후에 악보 보는 법을 배우고, 유럽이나 러시아에서는 양손으로 피아노를 칠 때까지 오직 소리로만 피아노 치는 법을 알려주죠. 두 가지 방식의 장단점을 떠나 모두 음정을 익히는것을 가장 우선으로 합니다. 외국어도 마찬가지로 가장 기초적으로는 눈으로 보는 것 없이 온전히 소리에만 집중하여 높낮이를 구분하는 연습이 필요해요.

어린아이는 소리 학습에 매우 능합니다. 아직 글을 읽거나 쓰지 못하기 때문이죠. 하지만 성인은 소리 학습 보다는 두뇌의 인지능력을 사용하여 읽고 이해하는데 능합니다. 그래서 외국어 교육은 조기교육이 진리인 것처럼 말하지만, 성인은 인지능력과 학습의지가 아이보다 높기 때문에 상대적으로 단기간에 기초 이상의 실력으로 도약할 수 있지요. 성인의 두뇌신경은 외부자극을 거의 동시에 처리할 수 있습니다. 들으면서 볼 수 있고, 보면서 소리 내어 읽을 수 있고, 쓰면서 말할 수 있습니다.

귀로 들으며 동시에 눈으로 보고 입으로 따라 하기는 귀로는 음성 언어를, 눈으로는 문자 언어를 익숙하게 만드는 과정이에요. 가장 중요한 훈련과정입니다. 소리와 문자를 동시에 학습하는 법이지요. 듣고 말을 알아듣는다는 것은 들린 소리에 담긴 소리가 문자로 어떻게 쓰이는지, 그리고 그 소리에 담긴 의미가 무엇인지 파악하는 과정입니다. 글로 쓰니 마치 매우 거창한 과정처럼 느껴지지만 이는 눈 깜짝할 사이보다 더 빠른 속도로 두뇌에 인지됩니다. 청각으로 자극된 소리가 의미 없는 소음인지, 사람 말소리인지, 말소리의 의미를 알고 대답하는지 두뇌는 매우 빠르게 반응하죠.

외국어, 저도 잘하고 싶습니다만

외국어는 소리와 문자와 의미를 동시에 학습할 수 있습니다. 우리는 이해 학습에 익숙하기 때문에 외국어 문자에 담긴 뜻과 의미를 이해하고 나면 외국어를 잘 알고 있다고 착각합니다. 하지만 외국어는 오직 써먹을 수 있을 때 만 외국어입니다. 따라서 외국어를 배울 때는 소리와 문자와 의미를 동시에 배우되 소리에 가장 많이 집중하여 반복해야 하지요. 소리를 먼저 익히고, 소리에 문자 기호를 더하고, 그다음에 오감으로 구성된 이미지를 더하여 우리말로 이미 성립된 개념의 고리를 연결해 보세요. 생각은 머리로, 말은 입으로!

10
무한 반복, 뫼비우스의 띠

우리는 유한有限하기에 무한無限에 대한 소망과 바람이 있습니다. 무한을 향한 인간의 희망이 가장 잘 투영된 곳이 바로 종교입니다. 물론 모든 종교의 교리와 신앙을 초월하여 인간적인 관점으로만 해석한다는 전제하에서 말이죠. 모든 종교는 신의 무한함을 찬양합니다. 무한한 사랑과 용서, 포용, 이해, 능력처럼 '무한'을 통해 우리의 유한한 존재를 이해하고 삶을 깨닫게 되죠.

신의 영역에서 인간의 영역으로 내려온 무한의 개념은 무한대, 무한급수, 무한 제곱처럼 헤아릴 수 없는 수의 세계로 확장되었어요. 인간은 유한하기에 인간 세계에 무한은 존재하지 않습니다. 유한에 대한 반대 개념이라고 짐작할 뿐이지요. 그래서 '무한'이라는 단어는 우리 일상에서 일종의 과장어이자 강조어입니다. '어마어마하게 많은', '끝이 없는', '계속되는', '끝장 볼 때까지', '한계가 없는', '매우 커다란' 등 일반적인 형용사로 표현하기 어려운 감정·

외국어, 저도 잘하고 싶습니다만

상태·상황 등에 사용하죠. 무한 리필, 무한 책임, 무한 잉크, 무한 매력, 무한 클릭, 무한 암기, 그리고 무한 반복.

외국어 학습을 말할 때면 무한반복 또는 무한 암기 이야기가 빠지지 않고 나와요. 학창 시절 영어 시간 숙제였던 '빽빽이'를 기억하시나요? 고등학교 2학년때 영어 숙제는 늘 빽빽이 한 장이였습니다. 빈 연습장에 단어나 문장을 여러 번 쓰면서 앞뒤를 빽빽하게 채워 제출해야 했지요. 한 장을 채우는 일이 왜 그때는 무한하게 느껴졌을까요? 그리고 빽빽이를 그렇게 했는데도 시험에 나오면 기억이 안 나고, 그럼 또 다음 시험을 위해 빈 종이를 채우고 숙제로 제출하고…….

물론 반복은 모든 배움의 필수 조건입니다. 기억하려면 우선 저장해야 합니다. 그것이 암기죠. 우리의 뇌는 단 한 번에 보고 들은 것을 기억 창고에 저장하지 못하기 때문에 여러 번 반복해야 합니다. 기억이 곧 배움의 결과입니다. 다시 말해 기억하기 위해 우리는 반복 학습합니다. 기억은 뇌에 저장하는 단계와 또한 이것을 꺼내어 쓰는 것을 함께 말합니다. 우리가 깜빡한다는 것은 분명 머리의 저장창고에 들어는 갔는데 어디 있는지 모르는 것을 말해요. 분명 공부했고 외웠던 기억이 있는데 왜 사용하고 싶을 때 꺼내 쓰지 못하는 것일까요?

빽빽이가 효과적일 때도 있어요. 단어 자체를 외우는 것으로 만족하려면 100번을 쓰는 것도 괜찮아요. '단어 경시대회', '철자 맞추기 대회'처럼 순수하게 단어를 외우는 목적으로 학습한다면 나쁠 것도 없을 듯합니다. 그렇다면 한번 해 보세요. 오늘 하루 단어 일곱 개만 선택해서 각 단어를 오기가 생길 만큼 100번 쓰기에 도전해 보세요. 어떤가요?

같은 단어 100번을 써 보면 이 방법이 외국어 학습에 어떻게 도움이 되고 방해가 되는지 깨닫게 돼요. 처음 쓸 때는 소리 내어 읽으면서 머리로 되새기며 쓰지만, 열 번에서 스무 번 정도 넘어가면서부터는 내가 쓰는 건지 손이 나를 쓰게 만드는지 구분이 되지 않죠. 마음은 이미 이 단어에 흥미를 잃어 무덤덤해지고, 뇌신경은 마비되기 직전에 이릅니다. 오직 '썼다', '채워 넣었다'라는 행위만 남죠. 빽빽하게 채워진 종이를 보고 무엇인가를 해냈다는 뿌듯함은 커녕 '무엇을 외웠더라?', '도대체 내가 무엇을 한걸까?' 그저 멍할 따름이죠. 설사 머릿속에 남았다고 해서 1주일 뒤에 다시 기억하기는 할까요?

우리가 학습하는 궁극적인 이유는 누군가의 도움 없이도 판단하고 결정하여 주체적으로 삶을 살기 위함이죠. 그리고 올바른 판단을 내리기 위해서는 세상 속에서 얻은 수많은 경험치를 바탕으로 자기만의 판단 기준을 만드는 과정이 필요합니다. 그러려면 자신

외국어, 저도 잘하고 싶습니다만

이 배우고 경험한 것을 저장하여 필요할 때 꺼내 쓰는 기억의 힘이 필요합니다. 특히 외국어 학습의 경우 이러한 기억을 꺼내어 사용하는 시간이 모국어만큼 빨라야 소통이 가능합니다. 생각과 동시에 말이 입으로 나와야 하지요. 모국어 습득은 평생 동안 가능하기에 기억의 장소에 넣고 빼고 하는 것이 매우 자연스럽습니다. 그만큼 기억의 창고로 오고 가는 길이 넓고 튼튼하다는 뜻이에요. 하지만 외국어 학습은 기억의 창고로 오가는 길이 애초부터 없어요. 그래서 그 길을 만들고 다져 주어야 합니다. 이 길이 탄탄하고 촘촘하게 엮어질 때 오고 가는 속도가 빨라지죠. 한번 길이 만들어졌다 해서 외국어 학습이 반복적으로 이루어지지 않으면 그 길은 망가지고 갈라진 틈으로 잡초가 돋아나 사라질 수도 있어요.

그래서 외국어 학습은 한번 시작하면 멈출 수 없는 뫼비우스의 띠처럼 여겨져요. 끊임없이 시간을 내어 관리하고 반복 재생해야 하죠. 다행스러운 것은 길을 한 번 만들어 두면 보수하는 건 처음만큼 힘들지 않아요. 처음에 길을 만들 때 바위와 돌멩이를 골라내고 단단하게 다진 다음, 그 위에 아스팔트로 포장하기까지 많은 시간과 자본과 인력이 투입됩니다. 하지만 사용하면서 닳아지는 길을 보수할 때는 처음의 노력만큼 품이 많이 들지는 않아요. 그래도 보수 공사를 게을리 하면 호미로 막을 것을 가래로 막는 사태가 벌어지니 틈틈한 관리가 필요하지요. 그 관리는 반복과 암기를 통해서 합니다. 반복과 암기는 이미 저장된 기억을 더욱더 단단하고 확고하게 만들어 필요할 때 꺼내어 쓸 수 있는 시간을 단축해 줍니다.

　지금까지 우리가 해온 침묵의 외국어 학습법은 피아노를 배우는데 책상을 두들기고 수영을 배우는데 허공에서 팔 젓기 하는 것과 마찬가지입니다. 외국어 학습의 암기는 단순히 외우는 것이 아닙니다. 외우기만 해서 말이 통한다면 외국어로 고민할 이유도 없겠지요. 우리 암기 얼마나 잘합니까? 외국어 학습의 암기는 소리에 익숙해지면서 결국에 내가 필요할 때 써먹을 수 있도록 기억하는 과정입니다. 반복을 통한 암기는 입력과 출력을 동시에 하는 행동입니다. 우리는 암기를 무조건 머릿속에 넣는다고 생각하지만, 외국어를 학습할 때는 외우면서 머리로 의도적으로 생각하고 입으로 내뱉어야 합니다. 얼마나 많은 단어와 표현을 외우고 있는지는 중요하지 않습니다. 하나를 알더라도 필요할 때 꺼내어 말할 수 있어야 합니다. 단어와 표현에 담긴 의미를 이해하는 데는 많은 시간이 걸리지 않습니다. 하지만 소리에 익숙해지고 소리가 내 입에 담겨 나오기까지는 많은 훈련이 필요합니다. 암기할 때는 무조건 쓰는 것이 아니라 소리 내어 따라 읽으면서 쓰는 것이 매우 중요하지요. 소리를 알아듣는다는 것은 소리에 담긴 뜻을 이해한다는 것이죠. 의미를 파악한 후에는 반드시 '실천', '실행'이 필요하고 외국어 학습에 있어 실행과 실천은 반드시 소리가 포함되어야 합니다.

외국어, 저도 잘하고 싶습니다만

11
촘촘하고 탄탄하게

    기억은 사람을 만들고 사람은 기억을 만듭니다. 우리는 기억하기에 존재할 수 있고 기억하기에 계속 살아갈 수 있습니다. 세상에 태어나 살아가는 법을 배우고 배운 것을 기억하여 머릿속에 저장해두었다가 다시 사용하죠. 기억은 이처럼 입력 · 저장 · 회상의 단계가 모두 이루어질 때 온전할 수 있습니다. 이 중 어떤 단계라도 이루어지지 않으면 정상적인 생활을 하기 어렵지요. 우리는 흔히 건망증과 치매증상을 자주 오해하는데 건망증은 입력과 저장이 된 상태에서 회상 즉 출력이 활발하게 이루어지지 않은 증상이고, 치매는 기억의 세 가지 모든 단계가 기능하지 않는 것을 말하죠. 특히 치매의 경우 입력이 된다 하더라도 저장이 되지 않기에 늘 같은 입력을 반복하고, 증상이 심해지면 입력을 했다는 것 자체를 기억하지 못하게 되죠.

    기억은 우리를 온전하게 살아가도록 돕지만 모든 것을 다 기억할 수는 없습니다. 기억은 외부자극이 얼마나 지속되는지에 따라 감각 기억·단기기억·장기기억으로 구별합니다. 감각 기억은 기억이라고 말하기 어려울 정도로 들어갔다 바로 나가는 자극입니다. 감각 기억이 머릿속에 머무는 시간은 약 2초 안팎이에요. 우리는 하루의 일과를 전부 다 기억하지 못합니다. 아침에 일어나 들려오는 모든 소리와 눈에 들어오는 모든 장면을 재생하지 못해요. 우리 두뇌는 녹음기나 카메라가 아닙니다. 감각 기억 속 정보는 바로 사라지거나 정보가 해석되는 단계를 거쳐 단기 기억으로 남기도 합니다. 잠자려고 누웠는데 오늘의 기억이 문득 떠오르기도 합니다. 그 장면과 소리가 단기 기억으로 저장된 거예요. 아마 이 기억은 1주일 후면 생각나지 않을 수도 있어요. 단기 기억은 하루가 지나면 거의 80퍼센트가 사라집니다. 단기 기억에서 장기 기억으로 가는 효과적인 방법은 무엇일까요? 이 질문은 어떻게 하면 효과적으로 학습할지와 같은 맥락입니다. 학습력은 결국 기억력과 기억을 재구성하는 능력입니다. 기억력이 곧 학습력은 아니지만 외국어 학습의 경우 이해력과 더불어 기억력이 외국어 실력을 좌우 한다고도 할 수 있습니다.

단기 기억을 장기 기억으로 옮기려면 기억하고자하는 외부 정보를 의도적으로 반복해야 합니다. 단기 기억이 장기 기억으로 바뀔 때 우리 두뇌에는 새로운 신경 회로가 생깁니다. 두뇌의 저장창고로 새로운 길이 만들어지는 거죠. 이렇게 생긴 새로운 신경 회로망은 반복에 의해서 탄탄해집니다. 이 탄탄한 신경회로망을 통해 장기기억의 창고로 정보가 들어갑니다. 반복적으로 신경회로망을 통해 정보가 오고 가지 않으면 신경 회로망은 다시 약해지고 느슨해집니다.

이는 잡초가 무성한 곳에 길을 내는 것과 비슷해요. 낫을 들어 풀을 베고 풀 벤 자리를 발로 꾹꾹 눌러 발자국을 내요. 그러면 한동안 풀은 자라나지 못하고 잠시나마 걸어갈 수 있는 좁은 길이 생깁니다. 한번 간 길을 그저 방치해 두면 풀은 다시 자라납니다. 다닐 수 있는 길이 필요하다면 풀을 뿌리째 뽑아 흙길을 잘 밟아 주고 자갈이나 보도블록을 깔면 되겠죠. 그 길은 풀밭을 헤쳐 나가는 것보다 빠르고 쉽지요. 외부 정보가 신경회로를 통해 기억의 창고로 저장되는 과정도 이와 마찬가지예요. 풀은 기억을 방해하는 요소라고 생각하시면 돼요. 기억하고자 하는 외부 정보를 반복을 통해 신경 회로망으로 보내면 단기 기억이 장기 기억으로 전환될 수 있습니다. 풀숲의 좁은 길을 많은 사람들이 자주 오고 가면 길은 탄탄하고 넓어집니다. 걸림돌이 없으니 오고 가기가 쉽겠지요. 풀숲의 좁은 길이 기억창고로 가는 길이고, 사람의 왕래 횟수가 학습의 반복 횟수입니다. 자주 반복할수록 기억창고로 오고 가는 속도는 빠르고 정확해 집니다.

기본적으로 반복은 학습에 있어 필수입니다. 뇌가 수많은 반복을 통해 학습능력이 좋아진다면 로봇처럼 반복만 하면 되겠네요. 무한 반복 해 볼까요? 빽빽이 다들 채워 보셨죠? 어떠셨어요? 우리 두뇌는 무미건조한 반복학습에는 금세 싫증을 냅니다. 싫증이라는 것은 이성적인 반응보다는 감정적인 반응입니다. 이성은 반복하면 좋다고 말하지만 감정은 재미없다고 합니다. 싫증과 재미, 기쁨과 좌절은 두뇌의 변연계에서 조절합니다. 두뇌의 변연계를 감정의 뇌라고도 하지요. 우리 뇌는 무의미한 반복보다는 감정 실린 기억을 더 잘 기억합니다. 즐거운 상태에서 기억을 처리하면 기억의 핵심인 해마가 자극되고 동시에 해마 옆에 있는 전두엽이 함께 자극 되요. 전두엽은 동기부여를 관장하는 곳이에요. 동기 부여가 되면 기억이 더욱 확실하게 되지요.

기억력을 향상시키기 위해서 즐겁게 반복하는 게 답인가요? 네! 어떤 마음과 심리 상태로 학습을 하는지는 매우 중요해요. 뇌의 깊은 곳에는 정신을 맑게 유지하여 집중을 도와주는 신경 세포망이 있습니다. 이 신경 세포망을 망상 활성계라고 하는데 수면과 각성, 그리고 주의와 집중 등 여러 반사 작용의 중요한 역할을 담당하고 있어요. 이곳에서 대뇌 신경 세포에 계속 자극을 보내어 집중력을 유지하도록 합니다. 망상 활성계가 안정이 되어야 기억이 잘 됩니다. 망상 활성계가 느슨해지면 집중력도 기억력도 떨어집니다. 따라서 스트레스나 부담감 또는 외부의 강요에 의해 학습을 하면 의식적으로 반복은 하고 있지만 망상 활성계가 불안정하여 주의가 산

외국어, 저도 잘하고 싶습니다만

만해지고 기억력이 떨어지게 되지요.

우리 두뇌는 세 개의 겹으로 진화 발전되었습니다. 가운데에
변연계와 겉에 대뇌가 이들 사이에 소뇌가 있습니다. 변연계는
감정의 뇌 또는 파충류의 뇌라고도 하는데 본능과 감정을 조절
하고 소뇌는 운동과 균형의 뇌, 대뇌는 이성의 뇌라고 합니다. 단
계적으로 발전된 두뇌가 동시에 자극을 받아 기억이 잘 됩니다.
뇌의 가장 깊은 곳에 있는 변연계를 감정으로 자극하고 그 옆에
있는 전두엽이 동기부여를 하면 대뇌는 열심히 반복하면서 외부
정보를 기억의 창고에 저장합니다.

12
기억과 망각 사이에서

기억이란 외부의 정보를 수신하여 어딘가에 저장해 두었다가 필요할 때 꺼내어 사용하는 과정입니다. 기억이라고 하면 하나의 단편적인 장면이나 사실이라고만 여기기 쉽지만 기억은 총체적인 하나의 과정입니다. 기억만이 인간을 인간답게 만듭니다. 기억이 없다면 이 세상 존재의 모든 의미는 사라집니다. 언어가 인간을 인간답게 만들고, 대뇌가 인간을 인간답게 만들고, 의사소통이 인간을 인간답게 만든다면 이 한가운데 모든 역할을 하는 것이 바로 기억입니다. 기억하지 못한다면 우리는 매일 다시 배우느라 평생을 보낼 것입니다. 기억 상실증이 영화나 아침 드라마의 단골 소재인 이유는 삶을 180도 바꾸기 때문입니다.

2015년 개봉한 영화 〈스틸 엘리스Still Alice〉는 평생 언어를 연구한 학자 엘리스가 알츠하이머에 걸리면서 기억에서 하나둘씩 단어가 사라지는 이야기로 시작합니다. 주인공 앨리스는 "내가 나를 앨리

외국어, 저도 잘하고 싶습니다만

스로 기억하지 못한다 해도 나는 여전히(still) 앨리스다."라고 매일 다짐을 합니다. 과거의 기억이 점점 사라지는 것을 느끼면서 "지금 이 내가 나일 수 있는 마지막 시간일 거야."라고 말하죠. 기억은 시간과 필연적인 관계입니다. 과거가 없는 오늘의 내가 과연 존재할 수 있을까요? 기억을 다루는 다른 장르의 영화도 있습니다. 재개봉 트렌드에 힘입어 개봉된 〈첫 키스만 50번째 50 first dates〉라는 로맨틱 코미디 영화입니다. 여주인공 루시는 교통사고로 단기 기억 상실증에 걸립니다. 모든 기억은 교통사고가 난 그날로 멈추어 버렸어요. 새로운 기억이 더는 입력도 저장도 출력도 되지 않아요. 영화 속에서 가족과 주위 친구들에게는 시간이 흐르며 지나간 시간이 기억으로 남지만 루시는 자기만의 시간과 기억의 굴레에 갇혀 버려요.

잠자는 순간을 제외하고 우리는 끝없이 감각 기관을 통해 외부 자극을 전달받고, 적극적으로 외부 정보를 수용해 직간접적으로 이를 활용합니다. 인간의 모든 경험과 사고의 결과물은 기억력을 통해 시공간을 초월하여 유지할 수 있어요. 기억으로 과거와 현재가 연결되며 이를 바탕으로 미래를 추측하고 예견할 수 있지요. 이런 의미에서 지금 우리의 존재는 태어나서 지금까지 쌓인 기억의 총합입니다. 기억력은 외부에서 들어오는 감각 자극을 두뇌에 새겨 두었다가 자극이 없어져도 그 정보를 다시 상기할 수 있는 능력입니다. 우리에게 기억력이 없다면 지적 성장이나 발전은 없습니다. 사고판단 학습을 가능케 하는 모든 것이 기억을 바탕으로 하는 뇌의 기능이에요. 인간을 특징짓는 언어 능력도 기억할 수 있기 때문에 가능합니다.

우리가 모든 것을 기억할 수 있다면 어떻게 될까요? 아니면 선택적인 기억과 망각이 가능할까요? 필요하고 도움이 되고 즐거운 경험만 기억하고, 실패하고 슬펐던 아픈 기억은 지워 버릴 수 있을까요? 우리가 모든 것을 기억한다면 뇌가 과부하에 걸려 멈출 수도 있다고 해요. 망각하지 않고 기억만 하게 되면 기억을 촉진하는 신경 전달 물질이 과도하게 분비되고 그로 인한 신체의 불균형이 일어나겠죠. 모든 정신 질환이나 심리적 스트레스는 신경 전달 물질과 호르몬의 불균형 때문이라고 합니다. 그럼에도 우리의 의지는 몸이 만들어 내는 화학물질에 좌지우지되도록 방치하지 않죠. 이성의 뇌는 합리적인 판단으로 스스로를 설득하여 기억과 망각을 선택할 수 있도록 조절합니다.

그럼에도 지워지지 않는 기억이 있는가 하면 아무리 기억하려 해도 흘러가 버린 시간이 있죠. 외부 자극이 기억의 저장 창고로 가느냐 망각의 강으로 흘러가 버리느냐는 외부 자극의 흥미, 내용, 강도, 횟수, 그리고 내적 동기에 따라 결정이 됩니다. 기억은 감성과 매우 깊게 연결되어 있어요. 어린 시절 기억이 잘 떠오르는 것은 그만큼 감성이 민감했던 시기였기 때문이에요. 그래서 기억력을 강화하기 위해서는 사실과 정보만을 반복하기보다는 오감과 감성을

외국어, 저도 잘하고 싶습니다만

곁들인 시각 이미지, 리듬에 맞춘 소리, 노래, 긍정의 마인드를 결합하는 것이 좋지요.

기억력과 학습능력은 매우 밀접하게 비례적으로 움직이지만 기억력이 좋다고 해서 늘 학습능력이 좋은 건 아니죠. 하지만 외국어 학습에 있어서 기억력은 다른 어떤 분야보다 매우 민감하게 외국어 실력을 결정하지요. 외국어는 전반적인 개론과 전문지식과 통찰력을 얻는 학문이라기보다는 실질적으로 바로 사용할 수 있는 기술입니다.

여기 두 개의 길이 있습니다. 한쪽 길은 푹신하고 촉촉한 잔디밭이고 길가에는 장미 넝쿨에 나비가 날아다닙니다. 다른 쪽 길은 딱딱한 보도블록의 무미건조한 길입니다. 시간이 지나면 어느 쪽의 기억이 더 생생하게 남을까요? 두뇌는 감성과 연결된 이미지와 의미를 더 오래 기억합니다. 나비가 날아다니는 첫 번째 길을 생각하면 잔디밭과 장미가 시각적으로 떠오르는 것만이 아니라 잔디의 풀 냄새와 장미향이 같이 떠오를 것입니다. 암기를 할 때 하나의 감각보다는 여러 감각을 동원한 암기가 두뇌의 여러 곳을 자극하여 기억과 회상이 훨씬 잘 됩니다. 또한 두뇌는 단편적인 조각보다는 서로 연결된 이야기를 오래 기억합니다. 그래서 이야기를 구성하여 기억간의 연결고리를 만드는 것이 좋지요.

반복이라는 학습 과정에 즐거운 감정을 더하고 오감을 동원할 때 특히 소리 내어 읽으면서 기존에 자신이 알고 있는 지식과 상식에 덧붙여서 이야기를 만들어 가세요. 자신이 알고 있는 무엇인가와 어떻게든 연결하는 과정은 낯설고 새로운 정보를 내 것으로 만드는 가장 빠른 방법입니다. 이는 두뇌가 범주화classification/categorization라는 정리 정돈을 좋아하기 때문이죠.

13
정리 정돈의 달인

　모든 배움의 목적지는 범주화classification/ categorization입니다. 범주화는 쉬운 말로 정리 정돈입니다. 머릿속에 저장된 기억을 분류하고 정리하는 과정을 뜻하죠. 범주화란 세상에 존재하는 모든 것을 비슷하면 비슷하게 다르면 다르게 기준을 두어 구분하고 묶어놓는 정보 처리 방법입니다. '고양이'를 설명해 보세요. 고양이라는 말소리에 커다란 눈망울과 뾰족한 귀가 떠오르거나 연관된 다른 이미지도 떠오를 것입니다. 가령 고양이 장난감이나 쥐나 생선 또는 새처럼 말이죠. 그리고 "고양이는 눈은 커다랗고 발톱은 날카롭고 혼자 지내기 좋아하는 얌전한 애완동물입니다."라고 떠오른 이미지를 말로 구체화 하겠지요. 그럼 고양이와 새를 비교 설명할 때는 어떻게 할까요?

　학습에서 비교는 양쪽의 우열을 가리는 것이 아니라 서로의 비슷한 점과 다른 점을 찾는 과정을 말합니다. 비교학습은 양쪽을 모두 알아야 가능하기에 결과적으로 비교하는 대상에 대한 이해도가 높아지고 비교대상의 특징을 구체적으로 찾아 낼 수 있지요. 고양이와 새는 스스로 움직일 수 있는 동물이고, 척추가 있고, 체온이 따듯해요. 고양이는 온몸이 털로 덮여 있지만 새는 깃털로 덮여 있고, 고양이는 네 발이 있지만 새는 두 발과 날개가 있어요. 고양이는 주둥이가 있지만 새는 부리가 있어요. 고양이와 새가 모두 포유류라는 점 보다는 털과 날개, 다리 네 개와 다리 두 개, 날개가 있고 없고의 차이점으로 서로를 빠르게 이해할 수 있지요.

이렇게 비슷한 점과 다른 점을 구분하여 그룹을 만들어 개념을 정리하는 것이 범주화입니다. 우리는 태어날 때부터 고양이와 새가 어떻게 비슷하고 어떻게 다른지 알고 있었을까요? 생후 4~5개월이 되면 아기는 손에 물건이 잡히는 대로 입에 넣기 시작해요. 세상을 눈과 손과 입으로 탐색하지요. 만약 우리에게 태어나자마자 범주화가 저절로 일어났다면 무엇을 입에 넣어야 할지 말아야 할지 이미 알고 있겠죠. 엄마가 이건 입에 넣어도 되고 이건 입에 넣으면 안 된다고 알려줍니다. 이러한 과정이 여러 번 반복되면 아기는 '이건 먹을 수 있는 것이 아니지'라고 기억하고 더는 입에 넣지 않겠죠. 이후 인지 기능이 발달하면 왜 입에 넣지 말아야 하는지도 이해합니다.

범주화는 생존하기 위한 본능이자 반드시 거쳐야 하는 생존과 사회생활을 위한 학습 과정입니다. 동물도 범주화를 합니다. 눈앞

외국어, 저도 잘하고 싶습니다만

에 놓인 생명체가 나보다 강한지 약한지, 도망가야 하는지 잡아먹을 수 있는지 판단합니다. 모든 생물은 살아남기 위해 자신과 앞에 있는 다른 생물들을 비교합니다. 자신만의 범주화에 따라 행동합니다. 만약에 범주화가 없다면 이 세상은 존재하지 못했을 거예요. 포식자를 포식자인 줄 모르고 교미를 시도한다든가, 맹독성 버섯을 먹으면 죽는지도 모르고 먹었다가는 목숨을 잃겠죠.

우리의 범주화는 어떤가요? 아기는 태어나자마자 움직일 수 있는 근육이 별로 없습니다. 확실하게 혼자 움직일 수 있는 근육은 입 주변의 근육이에요. 살기 위한 생존의 근육이죠. 아기는 빨기 운동을 통해 영양분을 흡수하고 성장합니다. 입에 무엇인가가 들어오면 먹을 거라 생각하고 입과 턱에 힘을 내어 빨기 시작합니다. 아기가 보챌 때 엄마는 자신의 새끼손가락이나 공갈 젖꼭지를 넣어 순간적으로 달랩니다. 아기는 우유가 나오는지 나오지 않는지 곧 구분하게 되지요. 배가 고플 때 공갈 젖꼭지를 물리면 아이는 배고프다고 울기 시작합니다. 이것이 우리의 첫 번째 범주화일 거예요. 동물처럼 먹을 수 있는 것과 먹지 못하는 것을 구분하기 시작하죠. 그러면서 서서히 자신의 주변 환경을 구분하기 시작해요. 움직이는 것과 고정된 것을, 인형과 엄마를, 그리고 엄마와 낯선 사람들을 하나둘씩 구분합니다. 특히 낯가림이 시작되는 생후 5~8개월의 아기들은 엄마와 떨어지지 않으려는 애착이 발달하는 시기입니다. 엄마와 함께 있으면 안전하다고 생각하지만 엄마와 떨어지면 불안하다는 감정이 생기는 시기죠. 또한 엄마를 알아보는 시기는 서서히 자아가 생기는 시기이기도 해요. 나와 엄마가 구분되기 시작했다는 것은 엄마와는 다른 사람이 이 세상에 있고 그것이 자기 자신이라는 사실을 서서히 알아 간다는 의미입니다.

범주화는 자신과 엄마의 차이를 인식하면서부터 본격적으로 발달합니다. 아이는 자기 주변에 있는 모든 사물의 이름과 쓰임새, 가족 구성원과 주변 사람들, 그리고 자신의 일상과 행동들까지 모든 것을 알아 갑니다. 즉, 세상을 알아 가는 과정이 바로 범주화입니다. 범주화는 곧 학습입니다. 이러한 범주화의 기준은 문화에 따라 다릅니다. 개와 소와 풀을 두 그룹으로 구분하라고 하면 서구의 아이들은 개와 소를 동물로, 풀을 식물로 구분합니다. 아시아의 아이들은 개를 독립적인 그룹으로 두고, 소와 풀을 하나의 그룹으로 구분합니다. 소와 풀의 연관성이 매우 높다고 판단하는 거죠. 결국 범주화는 자신이 속한 사회와 문화가 정해 놓은 판단 기준을 배우고 수용하는 과정입니다. 단순하게 구분된 것을 배우는 것이 아니라 왜 그렇게 구분하는지에 대한 기준과 가치 판단을 배우고 우리는 이것을 사회화라고도 합니다.

우리는 성장함에 따라 사물과 물질의 범주화에서 추상적인 개념의 범주화를 배우고 깨우치게 됩니다. 개념에 이름을 붙이

외국어, 저도 잘하고 싶습니다만

고 거기에 의미를 부여합니다. 같은 학습을 받거나 같은 문화에 속한 구성원들은 길게 설명할 필요 없이 추상적인 개념의 이름만 말하면 무엇을 말하려는지 이해합니다. 구구절절 설명할 필요 없이 축약된 형태, 즉 이름만 말하면 되는 거죠. 우리는 그 이름과 단어를 머리에 입력하여 다시 사용합니다. 이것이 언어이며 문화입니다. 언어를 배우고, 언어를 통해 범주화 과정과 이유를 배우고, 범주화된 단어와 개념을 익히는 것이 학습입니다. 그렇다면 이러한 범주화과정을 외국어 배움에 어떻게 적용할 수 있을까요?

14
척하면 착

외국어 학습의 핵심은 암기입니다. 그것도 입으로 바로 써먹을 수 있을 만큼 자동반사적으로 암기해야 합니다. 벼락치기 암기로는 절대로 외국어 학습을 성공하지 못하죠. 그건 2주 후에 있을 각종 시험에도 마찬가지예요. 벼락치기를 하면 당장의 동기 유발이 강력하여 도파민이 방출되고 그 결과 집중이 잘될 수도 있지만, 그것이 반복되지 않으면 기억에 남지 않아요. 외부 정보가 단기 기억에서 장기 기억으로 배송되지 못한 채 흩어져 버리고 말죠.

소리에, 입에, 문자에 익숙해지고, 단어와 표현에 담긴 메시지와 의미를 이해했다면 이제는 암기를 해야 할 때입니다. 암기를 통해 지금까지 익숙해지고 이해한 것을 자신의 것으로 만들어 필요할 때마다 쏙쏙 꺼내 사용해야겠죠. 외국어로 서로 말을 하고 들으면서 대화의 흐름을 맞추기 위해서는 순발력이 필요합니다. 대화에서의 순발력은 척 하면 착하고 나오는 흐름을 맞추어 나가는 것을 말합

외국어, 저도 잘하고 싶습니다만

니다. 말을 해야겠다는 생각과 동시에 말이 입으로 나오는 것이지요. 그러려면 망설임 없이 입으로 나와야 할 정도로 외국어가 입에 착 붙어야 함을 말합니다. 외국어로 말할 때 우물쭈물하는 경우는 대부분 머리로는 충분히 알고 있지만 머리의 말이 입 소리로 나올 때까지 시간이 많이 걸리기 때문이죠.

소리암기는 어떻게 할까요? 네, 계속 반복해서 말씀드립니다. 잘 듣고 입을 열고 소리내어 따라합니다. 암기를 할 때 가장 중점을 두어야 할 것은 소리입니다. 외부의 말소리가 청각을 자극하여 두뇌에 전달되면 두뇌는 의미를 파악하여 답할 소리를 찾아냅니다. 입력과 출력의 시간이 빠르면 빠를수록 의사소통이 원활하고 유창하게 이루어집니다. 아무리 많은 단어와 표현을 알고 있다고 해도 소리 암기가 없으면 절반의 성공일 뿐입니다.

들어오는 소리와 나가는 소리에 익숙해지고 그 소리에 의미와 문자 기호가 탄탄하게 연결되어 있다면 이제는 어휘와 표현을 확장해야겠죠. 물론 어휘와 표현을 확장할 때도 소리에 집중해서 암기해야 합니다. 어휘와 표현을 확장하는 효율적인 방법은 범주화입니다. 많은 교재들은 이런 범주화의 학습 효과를 알고 거기에 따라 단어와 표현을 분류하죠. 책이 정해 놓은 분류를 따라가도 좋고 자신이 스스로 분류를 만들어도 좋습니다. 제가 가장 좋아하는 분류는 일기와 함께 하는 분류입니다. 두뇌는 서술형 기억을 좋아합니다. 그날의 이야기와 단어 표현을 연결해요. 단어만 외울 때 보다 단어와 얽힌 여러 이야기가 있기 때문에 단어가 떠오르지 않을 때 연관되었던 이야기의 꼬리를 찾다 보면 그 단어를 만나게 됩니다. 그렇게 다시 찾고 잃어버리기를 몇 번 하면 기억이 될 수밖에 없지요. 제가 자주 사용하는 또 다른 분류는 연상 놀이입니다. 중심 단어 하나가 나오면 꼬리에 꼬리를 물어 연관 단어를 만들고 한 페이지에 연관 단어가 다 채워지면 그 단어들을 사용해서 문장을 만들기를 연습합니다. '원숭이 엉덩이는 빨개, 빨가면 사과, 사과는 맛있어~' 이 노래 아시죠. 저는 이렇게 연상 놀이를 하면서 단어와 표현 연습을 많이 했어요.

우리의 머릿속은 마치 커다란 대형 마트 같습니다. 대형마트에 가면 층별로, 코너별로, 선반별로 브랜드별로 정리가 참 잘 되어 있지요. 분류표지판을 따라 가면 그 많은 상품 중에서 제가 원하는 상품을 쉽게 고를 수 있지요. 하지만 정리가 되지 않은 마트를 상상해 보세요. 물건은 뒤죽박죽이고 표지판도 없고 직원들에게 물어보면 2층 어느 코너에서 본 것 같기는 한데 한번 직접 찾아봐야 한다는 답이 돌아옵니다. 아이고야, 원하는 물건을 살 수가 없겠네요. 일을 할 때도 마찬가지입니다. 내일 미팅에 필요한 서류를 복사해야 하는데 공유 폴더에 자료가 잘 정리되어 있으면 찾기 쉽지만 필요한 자료가 공유폴더에도 없고 누군가의 PC에 저장되어 있고 그 PC 사용자는 어떤 폴더에 저장했는지 기억하지 못해 폴더 마다 클

외국어, 저도 잘하고 싶습니다만

릭해서 자료를 다 열어 봅니다. 이러다 보면 야근할 수도 있겠네요.

무조건 외우고 머릿속에 넣는 다고해서 필요할 때 마다 찾아 꺼내 쓸 수 있는 것은 아니죠. 암기가 입력의 방법이라면 출력은 머릿속의 정보를 정리정돈에서부터 시작합니다. 어디에 있는지 알아야 찾아 쓸 수 있으니까요.

우리 두뇌는 하루하루 수많은 외부 자극과 정보로 혹사당하고 있는지도 모릅니다. 다행히도 외부에서 들어오는 모든 것이 기억의 창고로 넘어가지 않아요. 우리는 기억하기를 선택할 수 있고, 기억을 잘 유지하려면 기억의 저장 창고를 시시때때로 정리하고 어디에 있는지 기억하고 재빨리 달려갈 수 있는 최적의 길을 기억하는 거죠.

우리 머릿속에 귀여운 서치맨serch man 이 있다고 상상 해봐요. '서치맨, 영어 단어 연필을 찾아줘' 생각만 했는데, 벌써 입으로 pencil 나왔어요. '서치맨, 이번에는 만년필을 찾아줘.' 자주 쓰는 단어가 아니라서 아까보다는 살짝 시간이 걸렸네요. 그래도 fountain pen 이 입에 도착했어요. 그럼 이번에는 '서치맨, 이번 생일 선물로 연필 대신 만년필 사 주세요'를 부탁하니 서치맨이 한참을 헤맵니다. '생일, ~로는 ~대신에, 사다, ~해주세요.'라는 각각의 단어를 입에 가져왔지만 어떻게 조합할지를 모르겠다고 하네요. 그리고는 5분이

나 지난 후에 마침내 'I would like to get a fountain pen instead of a dozen of pensil for my birthday.'라는 문장을 만들어 입에 배달합니다. 대화는 끊기고 말할 기회는 이미 지나갔죠.

모국어 서치맨이 우리 머릿속에서 단어를 찾아 조합해서 우리의 입에 전달하는 과정은 불과 3초 안팎입니다. 외국어 서치맨은 어떨까요? 마찬가지로 3~5초 안팎으로 단어를 찾아 문장을 만들어서 입에 전달해 주어야 말을 할 수 있지요. 이 과정은 한 치의 망설임 없이 진행될 정도로 습관적으로 연습이 되어야 합니다. 초등 학교 때 외운 구구단의 답을 말하듯이 말이죠.

우리 머릿속의 서치맨에게 명령을 내릴 때 한국어로 하나요? 외국어로 하나요? 저는 한국어로 명령을 내립니다. 해당 외국어로 대화를 하지만 저의 머릿속의 모든 명령어는 한국어입니다. 제가 한국 사람이고 저의 모국어가 한국어이기 때문이죠. 많은 사람이 해당 외국어를 잘 하기 위해서 그쪽 사고방식으로 생각하고 말하라고 권장합니다. 물론 이 말이 전적으로 틀린말은 아닙니다. 해당 외국어를 배우려면 거기에 담긴 사회적 가치와 문화와 사고방식을 이해해야 하죠. 하지만 모든 것을 다 해당 외국어로 할 수는 없어요. 단지 한국어에서 해당외국어로 전환하는 과정이 익숙해져서 빠르게 진행되다보면 스스로가 마치 해당 외

외국어, 저도 잘하고 싶습니다만

국어로 생각을 하는 것처럼 여겨지죠. 과정을 건너뛰어도 될 만큼 해당 외국어가 익숙해지니까요. 그 수준에 이르신 분들은 해당외국어로 생각할 수 있지만 한국에서 외국어를 익히는 대부분의 사람들에게 해당 외국어로 생각을 하라고 하는 것은 조기 축구 선수에게 월드컵 세계 대회에 나가라고 등을 떠미는 것과 마찬가지입니다. 모든 일에는 밟아야 할 단계와 순서가 있습니다. 순서대로 가다보면 분명 자신만의 방식과 자신에게 적합한 방법을 터득하게 됩니다. 이는 오직 해 본 사람만이 알 수 있고 확신할 수 있지요.

15
사소한 결심이 위대한 결과로

어떻게 살아야 잘사는 것일까요? 삶의 모든 고민은 결과가 아니라 방법에서 비롯되죠. 어떻게 해야 외국어를 잘할 수 있을까요? 단순한 무한 반복은 결코 정답이 아니라는 건 해 봤으니 아시잖아요. 두뇌는 새로운 것에는 자극과 흥미를, 익숙한 것에는 안정과 신뢰의 감정을 만듭니다. 새로운 것을 접할 때 뇌는 도파민이라는 신경 전달 물질을 방출합니다. 도파민은 학습에 매우 중요한 신경 물질입니다. 동기와 성취감을 유발하기 때문이죠. 학습은 내적 동기가 강하면 강할수록 추진력과 끈기와 과제 처리가 정확하고 효과도 좋습니다. 그러나 도파민이 과다 분비되면 강박증이나 과대망상증이 일어나고, 반대로 도파민이 부족하면 쉽게 질리고 흥미를 잃어 무기력해집니다. 사람은 자신이 하고픈 것을 할 때나 무엇인가를 기꺼이 할 때 시간이 가는 것도 모르고 몰입합니다. 몰입은 그 순간 다른 모든 것을 잊고 하나에 집중하여 절대적인 시간을 초월하는 신비한 에너지에요. 몰입과 집중이 잘 될수록 학습 효과나 일

외국어, 저도 잘하고 싶습니다만

의 효율성은 증가합니다. 우리는 한 번에 여러 가지를 할 수 있다고 생각하지만 두뇌 과학자들의 연구 결과에 따르면 두뇌는 오직 하나씩만 처리할 수 있다고 합니다. 동시에 여러 가지를 처리하는 듯 착각할 뿐이죠.

학습의 성취도는 내적 동기에 있어요. 배움 자체가 즐거운 사람들에게는 동기를 부여할 이유가 없죠. 그 자체가 좋으니까요. 하지만 목적의식으로 결과를 이루어 내기 위해서는 하기 싫은 것도 참아 가며 하죠. 그런데 하기 싫으면 하지 마세요. 하기 싫은 것을 굳이 왜 하면서 살아요. 하기 싫다고 생각하면 아무 것도 이루어지지 않아요. 하지만 하지 않겠다고 결정내리기 전에 그 이유를 곰곰이 생각해 보세요. 그 이유가 진정 객관적으로 하면 안 돼서 싫은 건지, 자신의 게으름에 대한 변명인지, 아니면 해도 안 될 것 같아 미리 포기하면서 미래의 실패에 대해 서둘러 합리화하는 것은 아닌지……

독일에 1유로가량의 달걀 모양으로 만들어진 초콜릿이 있어요. 겉은 초콜릿인데 속에는 노란색의 긴 타원형 플라스틱 통이 들어가 있어요. 그 안에는 장난감이 들어 있지만 뭐가 있는지는 몰라요. 그래서 이 초콜릿을 'Überraschungsei'라고 해요. '깜짝 놀람'이라는 단어와 '달걀'의 합성어죠. (우리나라에서는 이와 다른 이름으로 판매되고 있어요) 이 제품은 마트 계산대 옆에 늘 진열돼 있어요. 계산 순서를 기다리는 아이들을 겨냥한 제품 배치죠. 그리고 늘 아이들은 사 달라고 조르죠. 1유로 안팎이고 장난감이 들어 있으니 엄마들은 흔쾌히 허락합니다. 그리고 아이들이 이걸 집을까 저걸 집을까 망설이며 늘 이렇게 질문하죠.

"이 안에 뭐가 들어 있어요?"

"글쎄, 잘 모르겠네. 까 봐야 알지"

　그래요, 안에 무엇이 있는지는 열어봐야 알 수 있습니다. 해봐야 알 수 있습니다. 시작이 반입니다. 나머지는 각자의 노하우와 세상의 경험치를 결합하는 과정입니다. 그러다 보면 자신 안에 잠재된 것이 어떤 모습인지 어떤 색깔인지 짐작 할 수 있어요. 그리고 어느 순간에 그 모습과 색깔에 확신이 들지요. 우선은 가볍게 시작하세요. 이제 막 걷기 시작했는데 올림픽 나가서 금메달 따겠다는 마음은 매우 긍정적이긴 하지만, 자칫 그 마음의 무게에 짓눌릴 수도 있어요. 그러한 결심과 결과는 마음속에 간직하되 하루의 만족을 위해서는 즐거운 하루살이가 되세요. 오늘 하루가 즐거우면 내일도 즐거울 확률이 높아지니까요.

　내적 동기와 습관의 힘이 학습의 결과를 좌우합니다. 습관은 하루아침에 만들어지지 않아요. 즐거운 하루살이의 매일 매일이 쌓이면 습관이 되고 그 사소한 습관이 위대한 결과를 만들어요. 학습 계획을 세우기 전에 반드시 자신이 하루에 얼만큼을 투자할 수 있는지 하루의 시간을 돌아보세요. 최대한의 시간 보다는 최소한의

　　　　　　　　　　　　외국어, 저도 잘하고 싶습니다만

시간, 적어도 이만큼은 꼭 하겠다는 의지가 필요합니다. 외국어 학습은 시간과 의지와 노력의 세 가지가 서로 맞물려 돌아갈 때 실력 향상이 보장됩니다.

외국어 학습은 커다란 시스템을 바라보거나 흐름을 꿰뚫어 보는 학습은 아니에요. 그래서 자투리 시간에 익히기 정말 좋은 배움입니다. 아침에 일어나서 커피 마시면서, 이동하면서, 누군가를 기다릴 때 등 하루의 시간을 쪼개 보면 정말 5분 10분의 틈새 시간이 참으로 많아요. 이 시간은 문장 몇 개를 암기하고 반복하기 딱 좋은 시간이죠. 그 틈새 시간은 질릴 틈도 없어요. 앉아서 한 시간을 꼬박 외국어 학습만 한다고 하면 그 생각만으로도 벌써 엉덩이가 들썩거리고 답답할 수 있어요. 자투리 시간을 활용하면 질리지 않고 반복할 수 있어요. 같은 걸 계속 반복하면 우리 뇌신경은 무덤덤해지지만 시차를 두고 반복하면 단기 기억에서 중장기 기억으로 변환하는 데 아주 좋지요. 하루 세 번 양치하듯이 짬짬이 반복하고 암기하는 습관을 만드세요. 양치습관이 충치를 예방하듯 자투리 시간의 암기 습관이 곧 여러분을 외국어의 달인으로 만들어 줄 것입니다.

하고 싶지 않은 일도 하다 보면 하게 되고 그렇게 습관이 될 수 있습니다. 저는 어학 공부를 했지만 책 한권을 꾸준히 읽는 데는 익숙지 않았습니다. 문단 독해에 익숙해져 단편적인 상식이나 지식은 집중을 잘 했지만 호흡이 긴 장편소설을 읽는데 익숙하지 않았습니다. 그러다 휴가 때 톨스토이의 안나 카레니나 책을 챙겨갔습니다. 장편소설이라 자투리 시간에 잠깐 읽다가 이야기의 흐름이 끊겨 시작과 포기를 반복했던 책이었습니다. 저는 1주일 휴가 동안 안나 카레니나를 두 번 읽었습니다. 책을 읽기 위해 떠난 휴가는 결코 아니었어요. 책을 읽다가 책 읽는 즐거움을 발견했지요. 이 경험이 없었다면 지금까지도 책 읽는 즐거움을 찾지 못했을 거에요. 결과적으로 책을 읽기 위한 휴가가 되었고 그 휴가가 10여년이 지난 지금까지 기억에 남습니다. 그렇게 책을 읽은 즐거움은 습관처럼 자리 잡혀 하루의 자투리 시간에도 틈틈이 책을 펼쳐 듭니다. 제가 거주하던 곳의 인터넷 환경은 매우 취약해서 우리의 스마트폰 사용 환경과는 비교도 되지 못했고 그래서인지 여전히 많은 사람들이 독서를 했는지도 모르겠습니다만……. 저는 영상보다는 활자매체에 익숙하고 그러한 익숙함이 마치 하루에 양치를 하듯 늘 하지 않으면 어딘가 찝찝하고 할 일을 다 하지 않은 느낌으로 남습니다. 습관은 그래서 무서운지도 모르겠습니다. 습관이 성격을 성격이 삶을 결정합니다. 결국 좋은 습관이 원하는 삶의 모습으로 우리를 이끌어가지요.

16
질투와 집착의 끝은?

외국어를 배우다 보면 언어 전반의 의사소통의 스킬도 늘어납니다. 말의 뉘앙스에 따라 소통이 어떻게 발전하고 변하는지도 알게 되죠. 같은 말인데도 '아' 다르고 '어' 다르다는 것을 깨닫는 것은 물론, 단어의 선택도 매우 신중해집니다. 단어는 많이 알수록 좋지만 단어 사이의 뉘앙스와 차이점을 모른 채 사용하게 되면 오해가 일어날 수도 있습니다. 그래서 단어는 함께 자주 사용되는 목적어 또는 서술어와 짝을 지어 암기하세요. 또한 단어가 함께 사용되는 짝꿍단어, 문장 그리고 상황까지 함께 묶어서 학습하세요. 우리가 일상에서 사용하는 단어는 평균 2,000개 전후입니다. 여기에 직장과 학교, 그리고 특정 취미 모임 등 자기만의 분야에서 사용하는 언어를 포함하면 2,500여 개, 그리고 전문 분야나 학계와 정치 부문 등 사회 전반으로 확대하면 약 3,000여 개라고 합니다. 이는 거의 모든 외국어도 마찬가지에요.

일상생활에서 외국어로 유창한 대화를 원한다면 2,000여 개의 단어만으로도 충분합니다. 서로 오해 없는 편안한 대화가 가능하죠. 저는 외국어로 말할 때 매우 단순하고 쉬운 표현을 선호합니다. 어려운 단어는 가급적 빼고 누구나 이해할 수 있는 언어를 선택하죠. 하지만 외국어로 글을 쓸 때는 조금 다릅니다. 말은 순간적으로 듣는 사람에게 빠르고 정확하게 전달하는 데 의의가 있지만 글은 생각을 되새기며 쓰고 수정할 수 있기에 단어를 폭넓게 생각하여 선택할 수 있어요.

외국어 잘하는 사람들을 긍정적으로 표현하자면 성실하고 끈기가 있고요, 부정적으로 말하자면 집착과 질투가 많아요. 물론 그 대상은 해당 외국어와 자신의 노력에 대해서죠. 저 역시도 가끔은 지금까지 해 온 것이 너무 아까워서 '오기로', '악착같이', '끝장이다'라는 생각으로 단어와 표현을 파고들기도 했어요. 단어 하나로, 그 단어의 뉘앙스 하나로 같이 외국어 배우는 친구들과 오랫동안 토론하기도 했죠. 그리고 서로 외국어 학습 스터디를 하면서 나보다 더 많이 알고 말을 더 잘하는 사람들에 대한 질투가 상대방의 외국어 실력에 대한 소리 없는 지적으로 올라오기도 하고요. 이는 순전히 제가 잘하지 못하니까 속상한 마음에 올라오는 유치한 열등감인 거죠. 이런 열등감과 잘하고 싶은 질투심이 순간적으로 올라오지 않는다면 멘탈 갑일 것입니다. 저는 이런 순간을 저의 인간적인 나약함과 부족함을 발견하는 기회로 삼고 머리와 마음에 되새김질

했습니다. 물론 외국어 잘하는 사람들이 이러저러하다고 개인적인 생각을 일반화하기에는 너무 큰 위험이 있습니다. 누군가가 "제가 아는 아무개 누구는요 세상에서 가장 여유 있는 나무늘보 같은 친구인데 외국어 엄청 잘해요."라고 말씀하신다면 물론 거기에 제가 할 말은 없고 그저 고개를 끄덕이고 수긍할 뿐이죠.

제가 일반화의 오류라는 위험성을 감수하면서 까지 알리고 싶은 것은 끈기와 버티기를 강조하고 싶어서 입니다. 외국어를 배우는 것은 누군가와 경쟁해서 순위를 정하고 승자와 패자가 있는 게임이 아니에요. 외국어로 소통하기 위해서는 혼자 학습하는 시간도 필요해요. 때로는 혼자 북치고 장구치고 놀기도 해야 하죠.

그래서 혼자서 하나의 표현에 집착하기도 하고 강박적으로 자신이 배운 표현과 연관해서 암기하려고도 하죠. 놀다 지치기도 하고 혼자라서 재미없기도 하고 그래도 계속 해야 한다는 걸 알기에 그냥 하게 되죠.

관계에서 질투와 집착의 끝은 설명으로 시작해 해명과 변명, 때로는 관계의 단절과 같은 새드앤딩이 대부분입니다. 하지만 외국어에서 질투와 집착의 끝은 해피엔딩이에요. 애쓴 만큼 보답과 보상이 옵니다. 심리적 소통의 장벽이 허물어지고, 단어와 표현과 문법 앞에 망설임 없이 언어 자체를 느끼고 사용할 수 있는 여유가 솟아납니다. 남이 나의 외국어 실력을 평가하든 말든 나는 내 갈 길

간다는 여유가 생기게 되죠. 그리고 그 여유의 맛을 알기에 편안히 다시 외국어를 갈고 닦게 되죠. 외국어 실력은 평가받는 게 아니에요. 말이 통하면 그걸로 족할 뿐입니다. 외국어에 질투와 집착 한 번 부려 보세요!

얼마 전 영어 관련 상담이 들어왔습니다. 학습법에 대한 상담 요청이었습니다. 그분은 상담 일에 현재 자신이 보고 있는 책과 지금까지 보아온 문법과 어휘집 책을 모두 가져왔습니다. 그리고 자신이 얼마나 열심히 했는지 그런데도 늘지 않는 실력에 고민이 쌓여 가는지 하소연하기 시작했습니다. 저는 그분의 말속에 답을 찾았습니다. 이분은 외국어에 대한 고민을 하는 시간이 실제로 학습을 하는 시간보다 훨씬 더 많았습니다. 그런데도 상담자는 고민하는 시간을 학습하는 시간으로 착각하고 있는 거죠. 외국어 3년 공부했다고 말하지만 실제로 학습한 시간은 그 안에 1년이나 될까요? 고민하는 시간도 소중하고 깨달음도 안겨주지만, 실질적인 실력 향상에 얼마만큼 도움이 될까요? 오랜 시간 외국어를 공부했다고 생각하시는 분들, 고민하는 데는 집착하지 마세요. 고민 말고 그냥 하세요.

외국어, 저도 잘하고 싶습니다만

17
Ready, Action!

　　제가 대학에 다닐때 원어 연극 동아리가 있었는데, 1학기가 끝날 무렵 배우를 모집하고 오디션을 거쳐 여름 방학 내내 준비해서 2학기에 공연을 했습니다. 저도 참여하고 싶었지만 저는 전공어를 단 한마디도 못하는 벙어리로 입학했어요. 여기에 참가하는 동기들은 외국어고등학교를 졸업한 그룹과 고등학교 때 제2 외국어로 전공어를 이미 배운 그룹이었죠. 저는 말도 못하면서 배우로 지원하면 너무나 큰 민폐라고 생각했을 뿐만 아니라 연기에 도전할 용기조차도 없었지요. 그래도 연극에 참여하고 싶어 스텝으로 지원해서 소품을 담당했어요. 그런데 배우 중에 저처럼 한마디도 못하는 친구가 배우 단에 있다는 걸 알았습니다. 배우 선발과 연습 과정에서 수많은 우려를 등에 짊어지고 있었지만 꿋꿋이 이겨낸 친구였죠. 저에게 없었던 용기가 그 친구에게는 있었습니다. 나의 부러움을 한 몸에 받은 친구는 멋지게 이렇게 말하더군요. "외국어도 연기야. 흉내 내다 보면 언젠가는 진짜 외국어가 나오겠지, 뭐 까짓것!"

연기를 잘하기 위해서 대사를 외우는 것은 기본입니다. 대사를 외우고 거기에 충만한 감정과 표정을 드러내야겠지요. 외국어 구사는 연기와 다를 바 없습니다. 우리는 외국어를 잘하기 위해 문법도 어휘도 표현력도 외웠습니다. 말을 해보지만 하는 우리도 듣는 상대도 뭔가 어색하다고 느낍니다. 대사를 아무리 외워 가도 오디션에서 실수하고 감정 표현을 못하는 이유가 무엇일까요? 자신의 감정을 쏙 버리고 극의 캐릭터로 탈바꿈을 해야 하는데 그런 전환이 잘 되지 않기 때문이죠. 감정표현이 어색하여 대사도 연기도 꼬이게 되죠. 그러면 감정 표현은 무엇으로 하나요? 말과 표정이 가장 많이 감정을 드러냅니다. 다시 말해 감정 실린 대사와 거기에 맞는 표정과 몸짓, 이 세 가지가 어우러질 때 연기가 자연스럽게 나옵니다. 자기가 맡은 역할의 캐릭터를 분석하고 그 캐릭터가 극에서 어떤 역할을 하며 어떤 상황과 갈등을 만들어 가는지 면밀히 분석하고 거기에 따른 몸짓과 표정을 함께 연기하지요. 배우들이 가장 힘들다고 말하는 것 중의 하나가 감정 연기입니다. 상황에 맞는 감정을 적절한 수위로 조절하는 것이 가장 어렵다고 해요. 감정 없이 대사만 읊으면 '로봇 연기'가 되고 조금만 과하면 장면이 그 곳에만 집중되어 극의 흐름이 자연스럽지 않다고 합니다. 대사 하나만으로는 결코 완성되지 않는 것이 연기겠지요.

저는 외국어를 하면서 저의 여러 다른 모습과 목소리를 발견하고 신기하기도 했습니다. 외국어를 할때는 확실하게 한국말을 할

외국어, 저도 잘하고 싶습니다만

때와 조금 목소리가 달라지더라고요. 프랑스어를 할 때 목소리 톤이 높아져 유쾌 발랄해 지는 반면 독일어를 할 때는 목소리가 낮아지고 차분해집니다. 우선 목소리가 변하는 이유는 두 언어의 발성과 발음에 따른 차이 때문이지요. 프랑스어는 입술을 많이 움직여야 발음이 정확하게 나오는 반면, 독일어는 프랑스어에 비하면 마치 복화술을 하듯 입술을 많이 움직이지 않아도 구강 뒤쪽의 성대에서 발성과 발음을 할 수 있어요. 그래서 두 언어를 하는 제 모습은 매우 다르게 느껴지죠. 목소리의 톤이 달라지는 만큼 비언어적 표현인 눈빛, 표정, 손짓, 고갯짓, 몸짓 등이 달라지죠.

각각의 외국어를 구사할 때마다 그 나라 사람의 특정 역할을 맡는 배우가 되는 느낌이에요. 어느 날은 무뚝뚝하고 수더분한 독일 아줌마의 역할을 맡기도 하고, 어느 날은 세련되고 지적인 프랑스 뉴스 앵커의 역할을 하는 것 같기도 해요. 또 어느 날은 계산이 빠르고 일머리가 똑 부러진 뉴욕 증권가의 자산관리자 역할을 하는 것 같기도 하고요.

자신마다 생각하는 각 나라의 특징이 있을 거예요. 그 특징을 잘 살려 연극을 한다고 생각해 보세요. 외국어를 배우는 궁극적인 목표가 의사소통이고 연극의 궁극적인 목표 역시 배우들이 펼치는 사건과 상황을 통해 관객과 소통하는 것이죠. 이러한 공통적인 목표의 핵심은 전달력입니다. 어떻게 말을 해야 내 마음과 생각이 잘 전달될까라는 고민은 배우가 어떻게 하면 이 역할을 잘 연기할까라는 고민과 같은 맥락입니다. 전달력의 핵심은 듣는 사람과 보는 사람을 설득하는 것입니다. 말과 행동으로 어떻게 하면 상대의 마음과 생각을 움직이는가가 관건이겠죠. 단순한 사실관계를 설명하려는지 아니면 감정 어린 공감을 전달하려는지 전달하려는 내용에 따라 방법이 달라집니다. 사실관계를 객관적으로 전달하려면 상식선의 논리와 순서를 따르면 되고 감정을 전달하려면 이해와 공감이 필요합니다.

외국어 회화 교재는 사실 연극 대본과 다를 바 없어요. 연극 대본의 1막 1장에서 앞으로 일어날 일들에 대한 배경이 암시되고 등장인물에 대한 힌트가 조금씩 제시되는 것과 기초 회화 책에서 흔히 등장하는 어학원에서 만나는 친구들 소개가 비슷하죠. 사실 제가 가장 원치 않았던 수업 중에 하나가 원어민 회화 시간이었습니다. 챕터 하나가 끝날 때 마다 친구들과 팀을 이루어 회화 책을 대본삼아 직접 연기를 했어야 했죠. 준비를 잘 한 팀은 대화를 완벽하게 외운 것은 물론 소품과 의상까지 준비를 했죠. 저는 정말 하기 싫었었습니다. 하지만 그때 얻은 창피함과 민망함 덕분에 지금까지 그 방법을 기억하면서 외국어를 흉내 내고 따라하는 데 많은 도움이 되었죠. 여러분은 어떤 연기를 해보시겠어요?

외국어, 저도 잘하고 싶습니다만

18
바른 말도 곱게

　말과 글을 잘한다고 소통이 늘 원활하게 이루어질까요? 음성 언어로 이루어지는 의사소통에서는 말보다는 언어 외적 요소가 훨씬 더 중요합니다. '바른말도 곱게' 해야 소통이 됩니다. 음성 언어로 하는 소통, 즉 상대와 대면하는 대화의 자리에서는 대화 내용의 사실과 객관성을 떠나서 말하는 사람의 태도가 불순하면 내용의 사실성조차도 의심받게 돼요. 아무리 좋은 말이라도 고압적인 태도와 퉁명스런 목소리로 한다면 듣는 사람은 귀를 막아 버립니다. 반대로 거절하는 말이라도 부드러운 목소리에 웃는 얼굴로 대하면 오히려 부탁한 상대가 미안한 마음을 품죠. 미국 UCLA의 심리학과 명예 교수 앨버트 메라비언Albert Mehrabian은 비언어적 요소가 대화에 미치는 영향에 관한 실험을 진행했고 그 결과를 자신의 책《침묵의 메시지Silent message 1971》에 발표하면서 메리비언 법칙은 커뮤니케이션과 관련된 모든 분야의 근간이 되었습니다.

"오늘 스타일 좋은데요?"라는 말을 비꼬는 듯한 말투로 아래위를 훑어보면서 하면 듣는 사람은 어떤 기분이 들까요? 메리비언은 말하는 사람의 언어 표현이 시각 또는 청각과 서로 상반되거나 모순된 느낌을 불러올 때, 듣는 사람이 어디에 더 큰 비중을 두고 진실 여부를 판단하는 실험을 했습니다. 그 결과 말하는 사람의 태도가 55퍼센트, 목소리가 38퍼센트, 내용 자체는 겨우 7퍼센트가 작용한다는 결과가 나왔습니다.

말의 내용과 직접적인 관계가 없는 93퍼센트가 효과적인 소통을 좌지우지한다는 것이죠. 아무리 전달하는 내용이 사실이고 진심이라도 목소리가 부정적이거나 태도가 불손하면 듣는 사람에게 전달되는 내용이 곧이곧대로 들리지 않아요. 메리비언의 법칙을 통해 소통에 있어서 내용 자체보다는 전달 방법이 얼마나 중요한지 알 수 있습니다.

웃으면서 경쾌한 목소리로 "지금 기분이 참 좋아."라고 하면 누구나 이 말에 공감을 합니다. 표정과 목소리와 몸의 언어가 전달하는 말의 의미와 일치하기 때문입니다. 하지만 같은 말을 한숨을 쉬고 낮은 목소리로 얘기한다면, 다들 말하는 사람이 기분이 나쁠 거라고 생각합니다. 또한 누군가에게 사과를 구할 때 한쪽 손을 주머니에 넣고 뻬딱하게 서서 퉁명스런 목소리로 "미안합니다."라고 하면 그 말을 듣는 사람은 사과를 받는 게 아니라 상대방이 시비를 건다고 생각할 것입니다.

대화를 하고 나서도 석연찮은 느낌이 들 때가 있습니다. 대화를 나눈 상대의 태도와 말투, 눈빛과 시선에서 나오는 기운이 입에서 나온 말의 내용과 호응하지 못해서입니다. 눈과 몸은 거짓말을 하지 못합니다. 목소리만 들어도, 눈빛만 봐도 안다고 말합니다. 집에 돌아가서 하루의 안부를 묻는 가족에게 "괜찮아요."라고 말하면서 방문을 쾅 닫고 들어가 버리면 가족은 "괜찮아요."가 결코 괜찮지 않은 것임을 바로 알 수 있습니다.

이런 결과가 나왔다고 해서 언어의 진실성에 해당하는 7퍼센트를 무시해도 된다는 것은 아니에요. 겉은 번지르르하고 말을 거짓으로 하는 사람들, 조심해야죠. 그들은 메라비언 법칙을 본능적으로 알고 있는지도 모르겠습니다. 언어 외적인 요소가 너무나도 완벽하다고 해서 그들이 하는 말을 뒷받침해 준다 해도 어딘가에는 논리적인 허점이 드러나기 마련입니다. 누가 봐도 명백한 태도를 취해 의심의 여지가 없어 보여도 소리 언어로 표현되지 않으면 상대방은 긴가민가하게 됩니다. 카페에 앉아 책을 읽는데 앞에 있는 사람이 자꾸 쳐다보며 눈웃음을 짓는다면 어떤 생각이 들까요? '저 사람 오늘 기분이 좋은가 보군', '저 사람 나한테 관심 있나?'라는 생각도 들겠지요. 그러다 상대가 조심스레 말을 꺼냅니다. "저기요, 셔츠 단추가 어긋났네요."라고 자신이 웃었던 이유를 말하죠. 만약

음성 언어 없이 비언어적 요소만으로 상대방의 마음을 추측하고 행동했다면 민망한 상황이었을 거에요. 비언어적 요소 또한 의사소통에 있어 매우 중요하지만 언어가 지닌 객관성과 정보 전달의 정확성을 따라잡기 어렵습니다.

목소리 큰 사람이 이기는 시절은 지나갔습니다. 나의 뜻을 나의 의도대로 전달하기 위해서는 언어가 표현하는 내용에 진정성이 있어야 하고 거기에 따라 눈빛과 몸의 언어도 일치해야 합니다. 대화를 나누는 이유는 분명 서로의 의미와 의도를 공유하기 위함이지요. 그 의도를 제대로 전달하려면 비언어적 요소도 적절하게 사용해야 합니다. 비언어적 요소가 효과적으로 발현되기 위해서는 상황과 맥락을 보는 눈이 있어야 합니다. 이러한 눈을 긍정적인 표현으로는 센스라고 하고 중립적이거나 부정적인 표현으로는 눈치라고 하죠. 눈치 없이 상황을 파악하지 못하고 자신이 하고자 하는 말만 하는 사람에게는 호불호가 갈립니다. 소신 있게 표현한다고 볼 수도 있지만, 말을 하고 나서 상황이 악화될 가망성도 높기 때문이죠. 그러나 외국어로 소통을 하다 보면 말에 자신이 있고 없고를 떠나 모국어가 아니기 때문에 자연스레 한 발 물러나게 됩니다. 이런 행동이 지나치게 되면 할 말을 하지 않고 상대가 하는 말을 무조건 들으며 고개만 끄덕거리는가 하면 정반대로 통하지 않는 상황을 견디지 못하고 감정적

외국어, 저도 잘하고 싶습니다만

으로 동요되어 목소리가 커지는 경우도 자주 발생합니다. 대화
는 말로도 하지만 말이 통하지 않는 상황에서도 눈빛과 몸짓으
로 서로를 공감할 수 있습니다. 말이 통하지 않을 때 무엇보다도
본능적인 촉에 의존하기 때문이죠.

19
인공지능

최근 인공지능은 우리 사회의 큰 화두입니다. 영화에서나 볼 수 있던 것들이 하나 둘씩 구체적으로 우리의 삶에 끼어들고 있어요. 인공지능에 대한 긍정적인 기대보다는 부정적인 우려가 더 커지고 있어요. 인공지능은 인간이 입력한 대로 따르는 기계가 아니기 때문입니다. 인공지능은 스스로 문제를 진단하고 해결점을 찾아내요. 그것이 인간 지능의 기초이기 때문입니다. 기계는 입력 값에 따라 작동되지만, 지능은 문제를 스스로 해결하는 능력입니다. 이것이 우리가 학습하는 이유이기도 합니다. 스스로 상황을 판단하여 자신에게 최적의 해결점을 선택하기 위함이죠.

인공지능은 사람이 지식과 경험을 바탕으로 새로운 상황의 문제를 해결하는 능력, 방대한 자료를 분석해 스스로 의미를 찾는 학습 능력, 시각 및 음성 인식 등 지각 능력, 자연언어를 이해하는 능력, 자율적으로 움직이는 능력 등을 컴퓨터로 실현하는 분야이다. 한

외국어, 저도 잘하고 싶습니다만

마디로 인공지능은 사람처럼 생각하고 느끼며 움직일 줄 아는 기계를 개발하는 컴퓨터과학이다.

–《2035 미래기술 미래사회》(이인식 저, 김영사, 2016)

인공지능은 인간처럼 자율적으로, 그리고 스스로 문제 해결을 한다는 점에서 인간과 비슷하기 때문에 인공지능은 우리를 두렵게 만들기도 해요. 인공지능의 기능은 창조가 아닌 재배열 또는 재구성입니다. 지금까지 인류가 축적한 데이터를 매우 빠른 속도로 검색하고 가장 적합한 솔루션을 찾아내는 거죠. 더욱 놀라운 것은 인간만이 할 수 있다고 믿어온 언어 · 문학 · 회화 · 음악과 같은 창작의 인공지능이 도전하고 있습니다.

인공지능은 모든 정보를 범주화합니다. 비슷하고 연관된 것을 묶고 거기에서 파생된 지식 또한 연결하여 무수한 지식과 경험의 네트워크를 형성합니다. 그런 다음 상황을 파악하고 문제를 해결하는 최적화된 경우의 수를 도출해 냅니다. 하지만 인공지능이 스스로 생각하고 문제 해결을 한다고 해도 인간만이 느끼는 감성까지 범주화하여 공감 능력까지 갖출 수 있을지는 의문입니다. 문제 해결 또한 소통이 없으면 불가능합니다. 소통이 오직 언어의 표면적인 내용으로만 된다면 인공지능 통번역기에 희망을 걸어 볼 수도 있겠네요. 하지만 소통이 오직 눈에 보이는 기호와 귀에 들리는 소리로만 되던가요?

외국어는 분명 나와 다른 사람과 문화를 이해하는 데 큰 장벽으로 작용합니다. 말이 통하지 않으니 비언어적인 요소에 의존하여 소통을 시도하고 그로 인해 오해가 발생하기도 하죠. 인공지능 통번역기는 기초적인 회화는 거의 완벽하다고 알려져 있습니다. 3박 4일 동양어권인 이웃 나라로 여행을 갈 때 필요한 소통을 충분히 가능하게 해 줍니다. 길을 찾고 물건을 살 때나 간단한 식사를 주문해야 할 때처럼 짧은 대화는 인공지능 통번역기로도 별 무리가 없다고 하지요.

저와 개인적인 친분이 있는 배우가 어느 날 연락이 왔습니다. 해외 에이전시와 스마트 폰의 번역 앱을 통해 대화를 주고받다가 대화가 산으로 흘러가버려 SOS를 보낸 거죠. 상대가 보낸 영어대화를 번역앱에 입력하니 "너는 오늘 어떤 주물을 갖고 있니?"라고 나와서 도저히 이해가 가지 않더랍니다. 저도 도대체 무슨 말인가 했죠. 영어 원문은 무엇이었을까요? 이분의 직업은 배우였고 대화 상대는 싱가포르에 있는 해외 에이전시였습니다. 저는 '주문'이 오타로 '주물'이 된 것은 아닐까 하다가 바로 'casting'이라는 단어가 떠올랐습니다. 싱가포르 에이전시의 질문은 "Which casting do you have today?"였습니다.

또 다른 배우는 자신을 홍보하기 위해 한국어를 영어로 번역하려 한국어를 입력했습니다.

"키는 170입니다." 그러자 번역 앱은 "Key is 170."를 보여줬습니다.

　인공지능 통번역기 덕분에 언어의 장벽이 낮아진 것은 분명한 사실입니다. 어떤 사람들은 앞으로 더욱 세분화된 대화와 문장까지도 인공지능 통번역기가 수행할 수 있다고 예견합니다. 미래를 예측하는 사람들은 미래에서 온 사람들이 아닙니다. 그들은 과거와 오늘의 축적된 데이터에 기반을 두어 설명합니다. 그들의 논리를 제가 감히 구체적으로 반박할 수는 없습니다. 하지만 한 가지 분명한 것은 세상이 과학과 증명으로만 만들어지지 않았다는 것이죠. 그리고 언어 또한 표면적인 의미로만 소통이 되는 것도 아닙니다. 특히 서양어들과 우리말과는 1:1 대응이 대부분 불가능합니다. 이는 우리말과 서양어에 담긴 문화와 사고방식이 다르기 때문이죠. 단어 대 단어를 통번역기에 입력하면 마치 사전을 찾아보듯 의미파악에는 도움이 될 수 있습니다. 하지만 앞뒤 흐름에 대한 이해 없이 문장 대 문장으로 번역하는 인공지능은 아직까지는 완벽하지 않습니다. 이를 역으로 생각해보면 우리가 외국어를 배울 때 단어와 문장을 단순히 암기하는 것이 아니라 그 문장이 상황과 맥락에 따라 어떻게 쓰이는지 알아야 한다는 뜻이죠.

　저는 인간 고유의 영역이 여전히 있다고 믿습니다. 인공지능이 문자와 소리를 분석하여 문장과 문단을 구성하고 이야기를 만들어

낼 수는 있겠지요. 하지만 의사소통의 상황과 맥락까지 파악하여 그 뒤에 숨겨진 뉘앙스를 파악할 수 있을지는 모르겠습니다. 인공지능의 발전과 사용을 반대하지 않습니다. 축적된 데이터와 과학과 기술이 우리를 편하게 소통할 수 있게도 할 것입니다. 그럼에도 인간 고유의 영역이 있다고 저는 믿고 있습니다. 지나치게 낭만적인 믿음일까요? 인간의 마음으로만 느껴지는 매우 주관적이고 순간적인 담론의 상황을 수집하고 분석하여 데이터화할 수 있을까요? 건강하게 오래 살아 한 번 지켜봐야겠습니다.

어느 정도의 기초적인 어학 능력이 있다면 통번역 어플도 도움이 되지요. 통번역 어플에 궁금한 말을 한국어로 입력하면 원하는 외국말이 출력됩니다. 이 과정을 머리로 한다고 생각해 보세요. 내 머리 안에 통번역기 어플이 장착되는 거죠. 표현하고자 하는 한국어 문장을 입력하면 '짠' 하고 입에서는 외국어가 나옵니다. 포인트는 우리에게 입력 명령어는 한국어라는 것입니다. 그래서 중급수준에 있는 분들에게는 원하는 한국말을 해당 외국어로 써보는 연습을 권장합니다. 처음에는 한국말로 무슨 말을 해야 할지도 모를 수 있어요. 그러니 일기를 영어로 써보세요. 하루의 일과를 딱 세 문장만. '일어났다. 회사 갔다. 집에 왔다'로 시작해서 꾸준히 하다 보면 한국어로 생각하는 능력과 외국어 작문 실력을 동시에 얻을 수 있습니다. 말하기와 쓰기는 별다르지

외국어, 저도 잘하고 싶습니다만

않습니다. 내가 하고 싶은 말이 한국어로 떠오르고 그 생각과 말을 외국어로 변화하는 것이죠. 말은 연극처럼 순발력과 임기응변이 필요하고 글은 영화처럼 구성력과 편집력이 필요합니다.

20
갈 때까지 가보자, 한계와 임계점

한계의 사전적 의미는 '사물이나 능력, 책임 따위가 실제 작용할 수 있는 범위'입니다. 한계와 비슷한 말로는 '한도, 제한, 테두리, 범위, 경계, 극한, 끝'이 있겠죠. 한계와 짝으로 자주 사용되는 동사는 '정하다, 다다르다, 부닥치다, 넘어서다. 극복하다' 등입니다.(어휘와 표현을 늘려 가는 요령으로는 이렇게 목적어와 동사를 짝을 이루어 함께 학습하고 또한 비슷한 단어와 비슷한 단어를 사용한 동사로 확장하면 정리가 잘 되죠.)

함께 살아가는 세상에서 분명 자유와 책임에 대한 한계는 있습니다. 한계 없는 자유는 방종을 넘어 타인의 자유를 침범하고 책임 없는 자유는 인간의 이기심만을 추구하게 되어 갈등을 유발하죠. 그래서 나와 네가 함께 할 때는 서로에 대한 경계와 한계가 일정하게 유지되어야 건강한 관계로 발전하고 유지됩니다. 저는 이것이 서로의 자유에 대한 존중이자 배려라고 생각합니다.

외국어, 저도 잘하고 싶습니다만

하지만 혼자서 하는 행동들에서의 한계는 어떻게 정해질까요? 자신의 한계는 누가 세우나요? 혼자서 하는 많은 행동 중에 학습과 운동의 한계와 범위는 누가 정하는 걸까요? 타인의 영향을 받지 않고 오롯이 혼자서 주체적으로 할 수 있는 것이 학습이고 운동입니다. 타인과의 협력이나 타협 없이 혼자서 할 수 있는 거죠. 하지만 많은 사람들은 학습과 운동 앞에서 '여기까지만'이라고 자기 합리화로 스스로를 설득합니다. 마음의 긴장은 풀리지만 자신의 한계 앞에서 나약해진 스스로의 모습을 보며 '나는 안 되나 봐!' 고개를 숙입니다.

복잡하게 생각하지 마세요. 그냥 하세요. 행동을 하지 않는 수많은 이유들이 있어요. 거기에 대한 자기 합리화의 늪에 빠져 설득이 되고 나면 순간 그럴 듯 합니다. 하지만 마음 한쪽이 불편하기도 해요. 이는 분명히 스스로가 무엇인가를 깨닫고 있다는 거죠. 그냥 하세요. 계산하지 말고 계획도 하지 말고 그냥 하세요. 한계를 넘어보지도 않고 머리로 생각하는 건 자신이 계획한 대로 했을 때 이루어질 보상과 지금 투자하는 노력에 대한 저울질을 하고 있는 거예요. 삶이 우리의 계산대로 계획대로 돌아가던가요? 그럴 바에는 무엇이라도 해 보는 게 좋지 않을까요? 하다 보면 자신의 한계도 깨닫고, 그것을 극복하려 노력도 하고 멈추지만 않는다면 언젠가 자신이 변하는 지점에 도달하게 됩니다.

임계점은 물이 수증기로 바뀌는 온도, 즉 액체가 기체로 변하는 지점을 말합니다. 과학 용어이기는 하지만 여러 경우에 두루 사용되죠. 우리 모두는 어제보다 더 나은 오늘을 바라고 내일은 오늘보다 더 좋기를 바랍니다. 그러면서도 어제와 같은 모습으로 오늘을 보내고 내일도 별로 달라지지 않을 거라 스스로 자신의 능력에 선을 긋습니다. 그러면서도 마음으로는 외국어를 유창하게 구사하는 오늘과 다른 내일의 모습을 상상합니다.

물이 끓기 위해서는 보이지 않는 에너지가 투입됩니다. 그리고 임계점에 가까워지면 매우 빠른 속도로 액체가 기체로 변하기 시작하죠. 이후로는 임계점에 도달하기까지 투입된 시간과 노력에 비해 매우 적은 양의 에너지로도 계속해서 변화가 가능합니다. 임계점에 도달하려면 꾸준하게 불의 온도를 맞춰 주어야 해요. 가스레인지의 불을 강하게 했다가 약하게 했다가 켰다 껐다 하면 에너지 손실도 높고 물은 더더욱 늦게 끓죠.

외국어 학습은 단박에 뭐가 되지 않아요. '빨리 빨리'를 외치며 벼락치기 학습을 한다 해도 결과는 별 다를 바 없어요. 비록 속도는 느려도 쉬지않고 꾸준해야 임계점에 도달 할 수 있어요. 저는 애써 노력하라고 목소리 높이지 않아요. 언어는 매일매일 가꾸고 바라봐 줘야 하는 화분 같아요. 자라나고 성장하고 꽃이 피는 것을 보기 위해서는 꾸준히 물을 주고 햇볕 따듯한 창가 자리로 옮겨 먼지도 닦아 줘야 하지요.

외국어, 저도 잘하고 싶습니다만

"그렇다면 나의 한계와 임계점은 어디란 말인가?"라고 묻겠죠. 저는 모릅니다. 자신의 한계와 임계점은 오직 자신만이 알 수 있습니다. 바로 도전하세요. 해 본 사람만이 알 수 있습니다. 한계를 극복한 자신의 모습이 궁금하지 않으세요? 임계점에 도달하여 오늘의 내가 아닌 다른 모습으로 변신한 모습이 기대되죠?

저는 무조건 '노오력'도 싫지만 대안 없는 '포오기'도 싫습니다. 포기는 다른 가능성을 위한 주체적인 선택일 때 후회하지 않을 것입니다. 저는 지금껏 몇 번의 포기와 기권을 선택했습니다. 하지만 제 마음은 되돌이표처럼 원점으로 돌아갔어요. 그게 아니면 안 될 것 같아서였어요. 포기할 때는 너무 지치고 힘들어서 여기까지라는 마음이었지만 그렇게 한계를 지어놓은 것은 제 마음이 아니라 머리였어요. 끝이라는 생각이 드니 마음이 불편하더군요. 그래서 다시 돌아갔어요. 제가 특출나게 도전정신이 넘치고 용기 백배 무장한 사람은 아니에요. 그저 포기라는 선택 앞에서 저의 직관을 따랐을 뿐이죠. 포기라는 선택을 하기 전에 내 마음이 어떤 신호를 보내는지 고요히 생각해 보세요. 마음은 거짓말을 하지 않아요. 머리가 거짓말을 하지요. 선택 앞에서 머리를 따르지 말고 마음을 따르는 것이 진정한 용기라고 생각합니다. 용기내서 포기하든 용기내어 계속하든 용기내세요! 열정적으로 무엇인가를 한다는 것은 대단한거에요.

21
나의 외국어를 평가하는
그대들에게

"잘 못 하네."

대 놓고 큰소리로 이런 말을 들은 기억이 있어요. 그것도 한국 사람에게 말이죠. 오랜 시간 외국 생활을 하고 한국에 막 들어왔을 때였지요. 큰 결심 끝에 돌아온 한국이었지만 정서적으로 편안하면서도 동시에 많이 낯설었어요. 외국어로 먹고 살자 했던 것은 아니었지만 글과 외국어의 접점을 찾아 번역이라는 세계에 발을 들여놓아 보고 싶었어요. 그러던 어느 날, 번역가를 위한 한국어 모임에 참석했어요. 그때 영문학과를 나오신 모임 주최자께서 뜬금없이 저를 보면서 "잘 못 하네."라고 했어요. 저는 가만히 세미나 자료를 읽다가 제 이름이 들려 옆에 앉은 친구에게 물었어요. "내 이름을 왜 불렀지?" 옆에 앉은 지인은 너무나도 당황한 눈빛으로 아무것도 눈치 채지 못한 저를 바라봤어요. "너 보고 못한대." 저는 아무 대답도 못하고 묵묵히 세미나 자료를 읽어 가기는 했지만 머리와 마음은 이미 비가 퍼붓는 웅덩이 마냥 진흙탕이 되어 버렸죠. 정

외국어, 저도 잘하고 싶습니다만

확하게 말해 주면 개선이라도 할 텐데 무작정 못한다고 하니 나 보고 어쩌라는 거지?

두 번째로 '잘 못 하네'라는 소리를 들은 건 최근입니다. 일을 함께하는 사람이었어요. 휴식 시간에 이런저런 이야기를 나누고 있었어요. 주제는 이 책이었죠.
"오랜 시간 질질 끈만큼 이번에는 속도를 내어 좀 써 보려고요"
"그래, 그런데 영어 잘 못하는 거 같은데……."
저의 작은 눈이 토끼처럼 커지면서 귀 쫑긋 어떤 다음 이야기가 나올지 기다리고 있었어요.
"아, 물론 나보다는 잘하지. 그냥 평균적으로 영어를 잘하는 것 같지는 않아서 말이야. 그런데 독일어는 아주 잘하는 것 같아."

당시 저는 그 회사에서 해외 관련 업무담당이었습니다. 영어로 이메일을 주고받고 문서를 작성하고 각종 통신 어플로 실시간 영어 채팅하면서 업무를 했어요. 해외 바이어나 관계자가 오면 함께 현장 미팅도 진행했지요. 저는 영어를 잘하려고 하지 않아요. 쉽고 편안하게 하려 하죠. 애쓰고 기 쓰며 말하지도 않아요. 머릿속에 떠오르는 가장 쉬운 단어와 표현을 사용해요. 이런 저의 영어를 엿듣다 보면 영어를 잘 못 하는 걸로 여길 수도 있겠지요. 저는 정말 쉽고 간단하게 말하고 발음도 좋지 않거든요.

그렇다고 제가 어려운 단어를 모르는 건 아니에요. 대학교 때 필수라고 여겨진 5000단어 어휘집을 끼고 살았어요. 하지만 이 어려운 단어가 업무 현장과 일상에서 얼마나 쓸모 없는지를 몸소 깨달았어요. 어려운 단어를 사용하면 미국인조차도 알아듣지 못할 뿐더러 오히려 제가 그 단어를 역으로 설명해야 하는 경우가 많았죠. 그리고 의사소통의 효율성을 따지자면 뉘앙스의 오해가 없는 쉽고 간단한 단어를 사용하는 것이 저에게는 도움이 되었어요.

'나 말 못한다고 무시하지 마, 나도 수준 높은 단어 많이 알거든?' 외국인들과 대화할 때 이런 맘이 저라고 왜 들지 않았겠어요? 하지만 아무리 애쓰고 힘써도 교육수준이 낮은 원어민보다 유창하게 잘할 수 없다는 걸 인정했어요. 그리고 쉬운 단어로 말하기 시작했어요. 쉽게 말하고 쉽게 알아들으니 소통도 잘 되고 외국에서 저의 일상이 안정되기 시작했죠. 의사소통의 중심은 제가 아니라 상대라고 생각해요. '나도 잘 모르는 단어를 단순히 나의 지적 허세를 내세우고자 사용한다면 상대가 이 말을 알아들을까?'

언어는 결코 완성 또는 완벽의 대상이 아닙니다. 언어는 마치 살아있는 유기체와 같아서 끝없이 변화합니다. 그래서 배우고 사용하는 우리는 거기에 맞춰 업그레이드를 계속 해야 하지요. 그럼에도 누군가가 '잘 못 하네', '아까 틀린거 들었어?'라는 소리를 들으면 머리와 가슴이 묘하게 움직이지요.

외국어, 저도 잘하고 싶습니다만

외국에서 살 때 저의 외국어 실력에 대해 평가를 하는 사람은 없었습니다. 그들은 자신들의 나라에 와서 자신들의 언어를 배우는 외국인을 호기심 가득찬 눈으로 바라보았지요. 그들의 언어를 배우고 문화를 이해하려는 노력을 높이 인정했어요. 말이 조금 틀리거나 막힐 때는 오히려 도움을 주려 했죠. 하지만 유독 한국에서는 누군가가 외국어를 하면 그 실력을 평가하려고 안달입니다. 서로 도와서 외국어를 함께 배워도 모자랄 판에 서로의 외국어 실력을 비난하기 일색이죠. 지금이야 외국어를 할 때 뻔뻔해야만 배울 수 있다는 것을 알기에 옆에서 누가 뭐라 하건 말건 할 말은 하고 본다지만, 이 경지에 이를 때까지 제 마음속의 소심이와 얼마와 싸워야 했을까요?

뻔뻔해야 해요. 내가 외국어 좀 못한다고 상대에게 손해를 주는 것도 아닌데 왜 주눅 들어요? 외국어 못하면 내가 손해인데 그렇게 지적해 주는 상대에게 고마운 거죠. 번역 모임 주최자의 지적을 받은 이후 저는 초심으로 돌아가 읽었던 책을 다시 손에 들고 읽기 시작했습니다. 그리고 얼마 전 동료로부터 지적받은 후 소홀히 했던 듣기와 말하기 실력이 떨어지지 않도록 각종 외국어 라디오를 들으면서 따라 말하고 듣고 받아 적기를 꾸준히 하고 있습니다. 외국어 실력을 지적받고 제가 어떻게 반응하느냐에 따라 저의 방향이 결정되겠죠. 지적한 상대를 비난하면 저야 말로 똑같은 수준이 되는 거고 그저 무시한다면 저는 발전이 없을 테고요. 상대의 지적을 꿀꺽 소화하고 나니 그렇게 지적하느라 애쓰고 시간 내준 그대들에게 고마울 따름이죠.

　　p.s. 저에게 독일어는 진짜 잘한다고 평가한 그 동료 말이에요. 고등학교 때 독일어를 배웠다며 'der, des, dem, den'의 정관사 변화표와 가수 신승훈의 〈보이지 않는 사랑〉 도입부였던 'Ich liebe dich'를 밑도 끝도 없이 불러대곤 해요. 독일어 잘 못하는 사람이 독일어를 평가한다? 저의 소심한 변명이자 반론이었습니다. 기죽지 마세요! 저 잘 하는 외국어 하나도 없어요. 그러니까 오늘도 열심히 듣고 읽고 말하고 배우는 거죠!

22
천하 평등 외국어

언어는 인간만이 할 수 있는 매우 고유한 행동, 즉 움직임입니다. 머리로 생각하고 분석하고 이해한 것이 입과 혀와 호흡 기관의 움직임으로 성대가 울려 나오는 결과물이 바로 말이죠. 입으로 나오는 소리에 아무런 의미가 없다면 동물의 외침이고, 의미가 공유되지 않는 말이라면 암호나 마법의 주문 또는 외국어이겠죠.

모국어를 배웠던 때를 우리 스스로 기억해 내기는 어렵습니다. 그리고 무엇인가를 배운다는 것은 마음의 의도와 두뇌의 의식이 작용해야 기억에 남습니다. 하지만 모국어는 어떠한 의도도 없이 마치 두뇌가 스펀지이고 모국어가 물인 듯 저절로 스며들었습니다. 우리에게 보편적 언어 시스템이 있기 때문이지요.

모국어가 모든 인간에게 잠재된 보편적인 언어 시스템을 작동시킨다면 외국어는 이렇게 작동된 보편적인 언어 시스템의 습득 원리에 따라 의도적으로 학습을 하는 행위입니다. 사실 우리가 언어 학자가 아닌 이상 습득이든 학습이든 용어를 사용하는 데 큰 차이 는 없습니다. 그럼에도 제가 습득과 학습의 차이를 설명하는 이유 는 외국어를 배울 때 반드시 필요한 요소가 있기 때문입니다. 바로 의도된 시간과 성실한 인내심입니다.

길거리에 꾸깃꾸깃 접힌 5만 원짜리 지폐가 있습니다. 우선 냉 큼 줍겠죠. 그리고 주변을 살피다가 경찰서에 신고하든 자신의 주 머니로 들어가든 개인의 도덕과 양심에 따라 다음 행동이 이루어 지겠죠. 어쨌거나 5만 원은 자신의 노동과 시간이 개입되지 않은 우연하게 얻어진 습득입니다. 대한민국 국적도, 부모님과의 관계 도 일종의 습득입니다. 이와 반대로 학습은 우연으로 얻어진 것이 아니라 나의 노력과 의지와 시간이 투입된 결과물입니다. 내가 투 자한 시간과 노력이 적다면 또한 적게 나오는 공정한 결과물이죠.

누가 외국어를 배우든 방식과 과정은 똑같습니다. 이는 마치 피 자를 먹든 빈대떡을 먹든 와인을 마시든 소주를 마시든 몸속에서 소화되어 배출되는 과정이 동일한 것과 마찬가지입니다. 그래서 외 국어는 매우 평등합니다. 출발점이 누구에게나 동일해요. 누가 먼 저 출발하고 나중에 출발하는 불공정한 게임이 아니죠. 그리고 외 국어 학습은 누군가와 경쟁하는 게임이 아니에요. 시험을 위한 외 국어 학습을 했기에 마치 경쟁처럼 느껴졌을 뿐입니다. 외국어 학

외국어, 저도 잘하고 싶습니다만

습을 경쟁이라는 관점에서 본다면 진정 경쟁할 상대는 자기 자신입니다. 게을렀던 어제의 나와 경쟁하여 오늘 성실하게 노력한다면 자신과의 시합에서 이길 수 있어요. 경쟁적인 환경에서 내가 다른 사람보다 외국어를 더 잘해야겠다고 생각해도 어쩔 수 없지만, 외국어 학습은 자기 자신과 협의가 잘되어 자기 설득이 일어날 때 할 수 있는 게임입니다.

그렇게 신나게 놀다가 대화의 장에 나와 이야기를 하다 보면 자신이 어느 위치에 있는지 파악할 수 있죠. 타인과의 비교는 우열을 가리는 것이 아니라 내 자신의 위치를 파악하기 위함일 뿐이에요. 대화를 하다 보면 자신이 어디를 잘하고 어디를 못 하는지 깨닫게 되고 그 부분을 개선하면 되니까요.

사회적으로 외국어를 잘하는 사람들에 대한 긍정적인 시선은 외국어 소통 능력이라는 결과와 외국어 학습을 견뎌 낸 성실함에 대한 존중도 담겨 있습니다. 이는 우리나라뿐만 아니라 세계 어디를 가도 긍정의 요소로 인정되죠. 무엇인가 자신의 특기로 성공한 사람들을 바라보는 시각은 대체로 비슷합니다. 성실함이죠. 사회적으로 인정받고 성공하려면 세상의 운도 중요하다고 말씀하시는 분들도 있지만 그저 운이 좋아 외국어를 잘하는 사람이 과연 몇이나 될까요? 순수하게 자신의 노력으로 이룰 수 있는 것이 외국어입니다. 태어나자마자 말하는 사람 없듯 외국어를 타고나서 잘하는 사람 없습니다. 언어 감각과 외국어에 대한 센스를 집중적으로 훈련해서 그 감각이 키워진 것이죠. 이는 마치 팔 운동을 많이 하면 팔 근육질이 탄탄해지는 것과 마찬가지예요. 근육도 키울 수 있고 감각도 키울 수 있습니다.

저는 말과 글을 매우 못했습니다. 못하니까 싫어했고 싫어하니까 더욱 못했겠죠. 초등학교 글짓기 숙제는 늘 언니에게 의존했고 자리에서 일어나 책이라도 읽어야 했을 때는 떨리는 마음에 연신 재채기와 기침만 했죠. 친구들하고 대화할 때는 성격도 급한데 예민하기까지 해서 머리와 말이 따로 놀았어요. 대화하는 게 아니라 몇 마디 말을 내뱉고 도망가듯 자리를 피했어요. 자신감과 자존감이 오르락내리락할 때마다 저는 더욱 내면으로 웅크렸어요. 대학만 가면 뭐든 할 수 있고 뭐든 선택할 수 있는 자유가 있으리라 믿었지만 막상 현실은 암담했죠. 아무 생각 없이 지원한 프랑스어과에 덜컥 합격하고는 빛이 없는 터널로 빨려 들어가는 심정이었습니다. 외국어고등학교에서 이미 원어민 선생님들과 자유롭게 대화하던 친구들 속에 저는 검정 털 박힌 미운 오리 새끼였죠. 아무리 노력해도 그들처럼 단박에 말을 잘할 수는 없었어요. 제가 그나마 할 수 있었던 것은 독해였어요. 알베르트 까뮈Albert Camus의《이방인L'étranger》강독 시간이었는데 대학에서 수업받은 강의 중에 가장 기억에 남아요. 문학이었기에 가능했죠. 미리 준비해 가면 수업을 그나마 따라갈 수 있었고 수업은 한국어로 진행했기에 다른 수

업들에 비해 참으로 맘 편한 수업이었어요. 이 수업에서 얻은 자신감이 작게나마 어두운 터널을 비추어 주는 빛이 되어 여기까지 오게 된 것 같아요. 작은 성취감일지라도 그때 얻은 자신감은 넘어졌을 때마다 저를 긍정적으로 위로해 주었어요.

어찌 보면 말과 글의 낙제생이었던 제가 이렇게 책을 쓰고 말을 할 줄은 몰랐습니다. 할 줄 아는 거라고는 하나도 없던 제가 외국어에 관한 책을 쓸 줄은 더더욱 몰랐죠. '정말 내세울 게 하나도 없다, 나는 잘하는 게 하나도 없다, 타고난 능력이 없다'라고 생각하신다면 저는 외국어를 추천해요. 외국어는 언제 시작했느냐에 상관없이 누구나 평등한 출발선에서 시작하는 뿌린 만큼 거둘 수 있는 공평한 게임이니까요.

마치며

End good, everything good

시작할 때는 다 좋아요. 끝이 나쁠 거라 예상하면서 시작하지는 않지요. 과정에 우여곡절이 많아도 끝이 좋으면 좋은 기억으로 남게 되지요. 시간이 선사한 망각의 힘 덕분인지도 모르겠습니다. 이 책을 시작할 때 고민했던 기억은 사라지고 한동안 이 책을 어떻게 끝을 맺을까 고민한 기억만 남아있네요. 무엇이든 끝을 내고 나면 결과를 떠나 꾸역꾸역 끝까지 해낸 자신의 모습에 만족감으로 안도합니다. '끝을 냈구나.' 이러한 성취감은 결국 무엇인가를 다시 시작할 때 조금 덜 머뭇거리고 조금은 자신 있게 또 다른 무엇인가를 시작하도록 도와주는 것 같아요.

No pain, no gain.

무엇을 원하면 원하는 것이 이루어진 모습만을 상상하기 쉽지요. 그 반짝이는 모습을 나 자신에 투영하면서 희망에 부풀기도 합니다. 하지만 원하는 것을 얻기 위해서는 어둠에 가려진 대가와 고통도 함께 따라옵니다. 모든 배움이 마찬가지겠지만 특히나 외국어

외국어, 저도 잘하고 싶습니다만

는 어느 순간 조급하게 빨리 간다고 될 것이 아니라는 것을 인정하게 될 거예요. 대신 하지 않고 멈추는 순간 단순히 멈추어 쉬는 것이 아니라 후퇴한다는 것을 기억하세요. 하나 배우면 둘을 까먹는게 외국어에요. 우리 눈에 호숫가의 백조는 우아하고 유유해 보여도 우리가 볼 수 없는 물 아래 백조의 발은 그 우아한 모습을 유지하려 미친 듯 젓고 있어요. 백조도 품위 유지를 위한 대가를 보이지 않는 곳에서 치르고 있는 거죠.

freedom from에서 freedom for로

여행의 즐거움은 여행을 준비할 때이고, 여행의 의미는 여행에서 다시 돌아왔을 때 알 수 있다고 하지요. 여행하는 동안은 낯선 곳의 신선함과 호기심에 흠뻑 도취하여 있다가 일상으로 돌아오면 비로소 어디를 어떻게 다녀왔는지 의미를 찾을 수 있는 것 같아요. 저는 매일 외국어로 다른 세상 구경을 합니다. 세상 진정 좁아졌지요. 몇 번의 터치로 온 세상이 작은 스크린으로 손안에 쏙 들어오잖아요. 그렇게 손에 들린 세상의 이야기를 저는 종이 위로 소리 내면서 옮겨 적어요. 관광버스에서 가이드가 보여주는 유명 관광지만 보고 오는 여행이 아니라 혼자서 골목 구석구석을 돌아보는 여행을 합니다. 그렇게 외국어에서 해방되고 싶어서 외국어를 배우고 나니 외국어 덕분에 선택할 수 있는 자유가 생겼네요. 주눅 들지 않고 불안해하지 않고 당당하게 나를 위해 선택할 수 있는 자유. 걸어온 길을 돌아보니 이제야 생각이 드네요. 외국어 배워두길 참 잘했다고.

참고문헌

《가장 아름다운 언어이야기》파스칼 피크 · 로랑사가 · 기슐렌드엔 · 세실
레스티엔, 조민영, 알마, 2011.

《2035 미래기술 미래사회》이인식, 김영사, 2016.

《EBS그래머 파워》편집부, 한국교육방송공사, 2016.

《교양종교개혁이야기》CBS종교500주년 기획단, 대학기독교서회, 2016.

《교육심리학용어사전》한국교육심리학회, 학지사, 2000.

《교육학 용어사전》서울대학교 교육소, 하우동설, 1995.

《구텐베르크의 책 이야기》제임스 럼포드, 서남희, 소년한길, 2018.

《기본에 충실한 나라, 독일에서 배운다》양돈선, 미래의 창, 2017.

《논증의 탄생》조셉 윌리엄스 · 그리고리 콜럼, 윤영삼, 홍문관, 2012.

《뇌속에 팍꽂이는 소리단어》보카팟, 최종근, 북스힐, 2011.

《독일이야기》서울대학교 독일학연구소, 거름, 2000.

《독일프랑스 공동역사교과서》페터가이스, 기욤르 캉트렉외, 김승렬외,
동북어역사재단, 2008.

《라이프성경사전》가스펠서브, 생명의 말씀사, 2006.

《라틴어 입문사전》신충훈, 목양, 2012.

《말의 세상, 세상의 말》장소원 · 남유진 · 이홍식 · 이은경, 월인, 2003.

《메라비언의 법칙》허은아, 위즈덤하우스, 2012.

《문화간 커뮤니케이션》최윤희, 커뮤니케이션북스, 2013.

《번역의 탄생》이희재, 교양인, 2013.

《불교란 무엇인가》이중표, 불광출판사, 2017.

외국어, 저도 잘하고 싶습니다만

《불교와 양자역학》빅 맨스필드, 이중표, 전남대학교문화출판원, 2014.

《브레인룰스》존메디나, 서용조, 프런티어, 2009.

《빅퀘스천》김대식, 동아시아, 2015.

《사피엔스》유발하라리, 조현욱, 김영사, 2017.

《생각의 시대》김용규, 살림출판사, 2014.

《세계 5대 종교 역사도감》라이프사이언스, 노경아, 이다 미디어, 2017.

《세계 언어 백과》이성하 외 65인, 한국외국어대학교 세미오시스 연구 센터.

《세계 언어의 이모저모》권재일, 박이정, 2013.

《소통의 외로움》정유향, 한국문화사, 2013.

《신의 이름으로》존티한, 박희태, 이음, 2011.

《실존주의는 휴머니즘이다》장폴 사르트르, 방곤, 문예 출판사, 2004.

《안나 카레리나》레프 니콜라예비치 톨스토이, 민음사, 2009.

《암호의 세계》루돌프 키페한, 김시형, 이지북, 2001.

《언어란 무엇인가》니콜라우스 뉘첼, 노선정, 살림, 2008.

《언어본능》스티븐 핑커, 김한영 · 문미선 · 신효식, 동녘 사이언스, 2008.

《언어와 권력》송영빈, 커뮤니케이션북스, 2015.

《언어와 언어이론 : 소쉬르에서 촘스키까지》김진우, 한국문화사, 2014.

《언어의 천재들》마이클 에라드, 박중서, 민음사, 2013.

《영화마을 언어학교》강범모, 동아시아, 2003.

《왓칭 신이 부리는 요술》김상운, 정신세계사, 2011.

《왜 우리만이 언어를 사용하는가》노암 촘스키, 로버트 C. 버윅, 김형업, 한울아카데미, 2018.

《우리글 바로쓰기》이오덕, 한길사, 2013.

《원불교대사전》원불교기념성업회

《유럽의 역사》만프레트마이, 장혜경, 웅진지식하우스, 2006.

《이방인》알베르트 까뮈, 양혜영, 플라토 커뮤니케이션, 2018.

《이야기 프랑스사》윤선자, 청아출판사, 2006.

《이야기 독일사》박래식, 청아출판사, 2007.

《인간은어떻게 서로를 공감하는가》크리스티안케이서스, 고은미 · 김잔디, 바다출판사, 2018.

《인문학, 기호학을 말하다》송효섭, 이숲, 2013.

《일반언어학강의》페르디낭 드 소쉬르, 최승언, 민음사, 2006.

《장미의 이름》움베르트 에코, 이윤기, 열린책들, 2006.

《종교학》에릭샤프, 윤이흠 · 윤원철, 한울 아카데미, 2015.

《지능의 탄생》이대열, 바다출판사, 2017.

《지식의 대융합》이인식, 고즈윈, 2008.

《철학의 전환점》최재식, 프로네시스, 2012.

《청소년을 위한 사회학에세이》구정화, 해냄, 2011.

《총 · 균 · 쇠》재레드 다이아몬드, 김진준, 문화사상사, 1998.

《컴퓨터IT 용어대사전》전산용어사전편찬위원회, 일진사, 2011.

《프랑스 하나 그리고 여섯》서울대학교 불어문화연구소, 강, 2008.

《프랑스 문화 따라잡기》김문환, 다인미디어, 2002.

《프랑스어 필수 어휘사전》청록출판사 편집부, 청록출판사, 2001.

《플랫폼이란 무엇인가》노규성, 커뮤니케이션북스, 2014.

《한국민족문화대백과사전》정신문화연구원, 정신문화연구원, 1993.

《한권으로 끝내는 현지 독일어표현 5000》신재용, 넥서스, 1998.

《호모데우스》유발 하라리, 김명주, 김영사, 2017.

외국어, 저도 잘하고 싶습니다만